ШИМОН ГАРБЕР

ИСТОРИЯ НАРОДА

СПРАВЕДЛИВОСТЬ

ДЛЯ ВСЕХ

ШИМОН ГАРБЕР

ИСТОРИЯ НАРОДА
СПРАВЕДЛИВОСТЬ ДЛЯ ВСЕХ

Редактор: В. Кисельгофф
Корректор: Л.Силина
Дизайнер: ВладимирБелинкер
Publisher: Newcomers Publishing Group
ISBN-13: 978-1950430444 ИН. Рус.
ISBN-13: 978-1950430451 ИН. Рус.epub

Library of Congress Control Number:
TX 8-854-952
© 2025ShimonGarber

2025

СОДЕРЖАНИЕ

ПРЕДИСЛОВИЕ..5
ИСТОРИЯ НАРОДА...13
АССИРИЯ..25
ВАВИЛОНСКОЕ ПЛЕНЕНИЕ................................33
ГИКСОСЫ В ЕГИПТЕ...41
ГРЕКИ И ЕВРЕИ..45
ЛЕГЕНДА ИСТОРИИ ПРАЗДНИКА ХАНУКА....47
ИУДЕЙСКИЕ ВОЙНЫ...51
ХРИСТИАНСТВО..55
ИСТОКИ АНТИСЕМИТИЗМА...............................59
ИСЛАМ..65
ИСЛАМ, ИУДАИЗМ И ЕВРЕИ...............................69
АНТИСЕМИТИЗМ В ИСЛАМЕ.............................75
ЕВРЕИ В СРЕДНИЕ ВЕКА.....................................77
ИЗГНАНИЯ ЕВРЕЕВ ИЗ
ФРАНЦИИ И АНГЛИИ... 83
ИЗГНАНИЕ ИЗ СВЯЩЕННОЙ
РИМСКОЙ ИМПЕРИИ..85
ИЗГНАНИЕ ЕВРЕЕВ ИЗ ИСПАНИИ....................87
АНТИИУДАИЗМ И РЕФОРМАЦИЯ.....................89
ЕВРЕЙСКОЕ ГЕТТО В АВГУСТЕ 1614 ГОДА....91
XVIII век..93
XIX век...97

ОТ РЕЛИГИОЗНОГО К РАСОВОМУ АНТИСЕМИТИЗМУ..105
АНТИСЕМИТИЗМ В РОССИЙСКОЙ ИМПЕРИИ, СОВЕТСКОМ СОЮЗЕ И РОССИИ………......………109
АНТИСЕМИТИЗМ ВО ФРАНЦИИ……………............…111
НАЦИЗМ И ХОЛОКОСТ
ИДЕОЛОГИЯ НЕНАВИСТИ……………........………113
НЮРНБЕРГСКИЕ ЗАКОНЫ………......................……119
КРИСТАЛЛЬНАХТ (Хрустальная ночь)…….......…...121
СИОНИЗМ………......................………………………125
ИЗРАИЛЬ..……127
ИРАИЛЬ В ВОЙНАХ ЗА НЕЗАВИСИМОСТЬ..............129
ВОЙНА ИЗРАИЛЯ И ХАМАС 2023 год….....................135
АНТИСЕМИТИЗМ В США…………………........……139
США ПОСЛЕ ВТОРОЙ МИРОВОЙ ВОЙНЫ...............143
ВОСТОЧНАЯ ЕВРОПА ПОСЛЕ
ВТОРОЙ МИРОВОЙ ВОЙНЫ.......................................145
ДВАДЦАТЬ ПЕРВЫЙ ВЕК...147
ЕЩЕ РАЗ О РАССЕЯНИИ 153
СЕГОДНЯ В МИРЕ...159
ВКЛАД В ЦИВИЛИЗАЦИЮ.......................................169
ЭПИЛОГ 172

ПРЕДИСЛОВИЕ

Это история одного из древнейших народов мира, пережившего пленение в Ассирии и Вавилонии задолго до новой эры. Небольшая часть этого сохранившегося народа, получившая свободу от завоевателя Вавилонии, персидского царя Кира, вернулась на свою землю и восстановила разрушенный храм в Иерусалиме.

Современные учёные считают появление завершённой Торы во время Персидской империи Ахеменидов (вероятно, 450–350 гг. до н.э.), некоторые относят её составление к эллинистическому периоду (333–164 гг. до н. э.)

Именно тогда появилась первая письменная Тора, заложившая основу древней религии, иудаизма. Кто написал Тору? Наиболее точным ответом на этот вопрос, ответом является: Мы не знаем. Традиция утверждает, что это был Моисей, но сама Тора говорит об обратном.

Эта религия стала основой для двух других наиболее распространённых мировых религий, христианства и ислама. Религиозные ценности еврейской национальной культуры стали достоянием общечеловеческой культуры.

В Торе (Закон) записана основополагающая концепция «избранного народа», договор с богом, который оставил Аврааму и его потомству страну Ханаан, а Авраам обязался почитать только этого бога и выполнять все его предписания. Исполняя своё обещание, бог поручает Моисею вывести народ еврейский из Египетского рабства, затем вручает ему в пустыне десять заповедей и указывает Моисею записать законы в его Пятикнижие.

Этому народу предстояли тяжкие испытания в течение более чем двух тысячелетий, несмотря на то, что еврейская культура и религия оказали значительное влияние на мировую историю и развитие цивилизации.

Можно предположить, что семитские племена евреев (иври или омри, то есть пришедшие с той стороны реки (Ефрата), расселялись по Ханаану, воюя с местными племенами.

Историки и археологи предполагают, что в периоды голода или политической нестабильности семитские племена, включая предков евреев, могли переселяться в Египет в поисках лучшей жизни. Эти миграции могли происходить на протяжении нескольких столетий.

В разных периодах истории Египта семитские народы играли значительную роль, включая периоды правления гиксосов. Это подтверждает возможность существования семитских общин в Египте.

Египетская стела, датируемая 1208 годом до н. э., содержит первое внебиблейское упоминание о народе *"Израиль"* в Ханаане.

Исторические факты и знания, подтверждающие теорию пребывания еврейского населения в Египте основаны на различных археологических и исторических свидетельствах. Существование евреев в Египте, в рабстве, как описано в Библии, особенно в отношении Исхода, является предметом дебатов среди историков и археологов.

Предание об Исходе является фундаментом иудаизма. Исход упоминается иудеями в ежедневных молитвах и отмечается ежегодно в празднике Песах.

... после долгих скитаний по пустыне, евреи достигли горы Синай. Здесь они узнали, что Моисей на вершине горы получил от Бога десять заповедей. Там же был заключён завет между Богом и евреями.

Косвенные свидетельства, или конкретные археологические находки, подтверждающие библейский рассказ об Исходе, пока не обнаружены.

Александр Македонский в 334 году до н.э. начал разгром Персидской империи и к 330 году до н.э. захватил важнейшие города Персии, Сузы и Персеполь. Его встречали в Иерусалиме служители храма во главе с первосвященником Яддуа, который благословил полководца.

После смерти Александра Македонского в 323 году до н.э. завоёванные территории были подделены между полководцами (диадохами) царя. Египет отошел к Птолемеям, а Сирия к Селевкидам. Вооруженные конфликты за раздел сфер влияния между этими диадохами продолжались более 40 лет. Ближневосточная территория, через которую проходили многочисленные торговые пути и на которой располагалась Иудея служила источником вечных войн между Селевкидами и Птолемеями. Управлялась Иудея советом старейшин во главе с первосвященником. Правовые законы страны базировались на Торе, как источнике права.

Пришедший к власти в Сирии Антиох IV Епифан решил силой ввести греческую культуру, религию и язык. Иерусалимский Храм стал в 167 году до н. э. святилищем Зевса Олимпийского. В Храме приносились языческие жертвоприношения. Взрыв негодования вылился в вооруженное восстание. Возглавил восстание 166 года до н. э. священник Маттафия из рода Хасмонеев.

Опасаясь дальнейшего сопротивления со стороны греко-сирийских войск, Иуда Маккавей заключил договор с Римом о военной взаимопомощи. Придя на помощь в Иудею в 63 году до н.э. для разрешения споров, Помпей Великий превратил Иудею в римскую провинцию. Это привело к многочисленным восстаниям евреев против поработителей, получивших название Иудейские войны 1-2 века н.э.

Всё это происходило на стыке эпох, новой и прошлой эры. Иудея бурлила. Религиозная власть осуществлялась Синедрионом, в который входили религиозные партии: фарисеи, саддукеи и ессеи. Эти три основные религиозно-философские школы, вели схоластические споры о правильном толковании Торы, по сути, это была борьба за власть и влияние.

Для самих иудеев история народа на стыке двух эпох, останется историей противостояния римским завоевателям. Рим, ставший крупнейшей и самой могущественной империей мира, подчинял всех и вся, превращая страны и народы в вассалов, платящих дань своему господину. Небольшая Иудея постоянно восставала против военизированного Рима.

Для остального мира это был момент рождения новой религии, которой было суждено завоевать античный мир и распространить свое неоспоримое влияние. Эпохи разделились на до и после рождения нового Бога-Сына Иисуса Христа. По иронии судьбы с его рождения последователи ведут отсчет, как новую эру в истории человечества с первого года н. э. (новая эра или наша эра от рождения Иисуса Христа).

Христианская идеология стала основой для

подавления остальных верований, которая оправдывала военные походы «для защиты святой веры и освобождения святых мест».

Антисемитизм как явление родился с появлением христианства. В самом начале христианского вероучения его воспринимали как ещё одно сектантство в иудаизме. Сам проповедник нового взгляда на иудаизм Иешуа ха-Ноцри (Иисус из Назарета) и все его 12 учеников были иудеями. Они все пока ещё оставались евреями, но воспринимающие по-разному «Закон Моисея». Окончательное размежевание между христианством и иудаизмом произошло на Первом Никейском церковном соборе в 325 году в городе Никкее.

Новый Завет принес с собой противостояние христианства иудаизму. Это создало атмосферу дискриминации и антисемитизма против еврейского народа на протяжении всей истории, которая продолжается в настоящее время.

Слово «еврей» превратилось в самое страшное христианское оскорбление. Во многом это произошло потому, что «евреи» выступали в качестве объекта полемики в сочинениях самих евреев — в посланиях Павла, Евангелиях и в наибольшей степени в самом еврейском Писании, в Септуагинте (перевод Торы на греческий язык), — а новые адепты оглядывались на эти тексты, конструируя собственную теологию.

Павел (апостол Павел, еврей Саул из Тарса) пишет Фессалоникийцам следующее:

"Ибо вы, братия, сделались подражателями церквам Божиим во Христе Иисусе, находящимся в Иудее, потому что и вы тоже претерпели от своих соплеменников, что и те от Иудеев, которые убили и Господа Иисуса и пророков, и нас изгнали; они не угождают Богу и всем противятся,

препятствуя нам говорить с язычниками, чтобы им спастись. Так они постоянно наполняли меру своих грехов; но гнев Божий наконец постиг их."

Первыми антисемитами были сами евреи-иудеи, проклинавшие своих соплеменников, не пожелавших принять новую веру.

Иисус говорит группе фарисеев: *"Знаю, что вы семя Авраамово; однако ищете убить Меня, потому что слово Мое не вмещается в вас... Ваш отец диавол; и вы хотите исполнять похоти отца вашего. Он был человекоубийца от начала и не имеет ничего общего с истине, ибо нет в нем истины".*

Христианский антисемитизм в древности и Средние века был религиозным и распространился на современность. Политический, социальный и экономический антисемитизм в эпоху Просвещения и в Европе заложил основу для расового антисемитизма. Расовый антисемитизм в XIX веке достиг кульминации в нацизме. Современный антисемитизм, пережил века и расцвёл в новую эпоху, достигнув кульминации в Холокосте, во время Второй мировой войны. Образование государства Израиль в 1948 году вызвало новую волну антисемитской ненависти.

Татьяна Вольтская

"Ах, скажите, скажите скорее,
Где, ….., ваши евреи?
Где торгуют они, где бреют,
Лечат, учат, флиртуют, стареют,
Проезжают в автомобиле?
Почему вы их всех убили?"

После слова "Где…" можно написать практически любую Европейскую национальность. Все они участвовали в гонениях на евреев.

ИСТОРИЯ НАРОДА

Тора (библия) рассказывает историю и традиции еврейского народа.

Пастух и звездочет проживавший в городе Ур, за 2 тысячи лет до н.э. Авраам получил прямое указание от Бога переселиться в страну Ханаан, почитать только Единого Бога, за что ему было обещано потомство, «многочисленное как морской песок».Еврейские потомки Авраама, постепенно захватили земли ханаанских народов и образовали страну, называвшуюся Израиль. Согласно еврейской традиции, записанной в Торе, еврейский народ сформировался после исхода из Египетского плена и принятия Закона на горе Синайской. Внук Авраама, Яков-Израиль имел 12 сыновей от которых произошли 12 еврейских колен-племен. К сожалению история не сохранила память об этом периоде еврейского народа ни в стеллах египетских фараонов, ни в клинописных табличках вавилонских архивов.

Тора повествует о том,как Яков – Израиль со своими 12 сыновьями и с семьями переселились в Египет, по причине неурожая и как следствие голода в земле Ханаанской. Разросшийся народ оказался в плену и трудился на строительстве пирамид, под бичами надсмотрщиков. Бог вспомнил свой завет с потомками Авраама и послал своего пророка Моисея освободить евреев из плена. После многих чудес, казней египетских для плохих фараонов, и перехода освободившихся от рабства евреев через расступившееся Красное море, евреи ещё блуждали по Синайской пустыне долгие сорок лет.

Это одно из важнейших событий в истории евреев — исход из Египта под предводительством Моисея, который, согласно Библии, произошел около 13 века до н. э. Получив на горе Синайской две каменные скрижали с 10 заповедями от бога, евреи наконец становятся «избранным» народом.

В X веке до н.э. на территории Ханаана создается еврейское царство. Первым царём становится Саул (Шауль), сражающийся с филистимлянами и погибший в этой войне. Вторым царем становиться знаменитый Давид, разгромивший филистимлян и отвоевавший у племени иевусеев небольшой городок Иерусалим, ставший столицей новой страны, Израиля. Его сын Соломон (Шломо) получивший в наследство обширное государство, прославился мудростью и построением великолепного Первого Храма в Иерусалиме.

***

Пять тысячелетий назад на Аравийском полуострове кочевали различные семитские племена. Это были уже не охотники-собиратели, передвигающиеся на всё новые места обитания в поисках пищи, а находящиеся на следующей ступени развития, кочевники пастухи. Понятно что все они выходцы из Африканского континента, обосновавшиеся в Передней Азии. К середине 4-го тысячелетия до н.э. в Месопотамии обосновались племена скотоводов, как в наиболее приспособленном месте обитания. Среди этих семитских племен были арамеи, арабы, аккадцы, ассирийцы, вавилоняне, гиксосы, бедуины, ливанцы, финикийцы, халдеи и множество других племен. Эти племена гоняли стада коз и овец. Одомашненные козы относятся к роду горных козлов, а овцы к роду баранов. При скрещивании потомства не дают. Кочевники копали колодцы для воды, пасли скот на скудных почвах Месопотамии.

Они молились своим богам, вылепленным из глины или высеченными из камня. Они поклонялись луне и исчисляли года по лунному календарю. Приносили кровавые жертвы своим богам, сооружая жертвенные камни.

В начале третьего тысячелетия до н.э., в Месопотамии, в долине двух рек Тигр и Ефрат впадающих в Персидский залив появилсяновая группа переселенцев, народ, называвший себя шумерами. Они прибывали на кораблях неизвестно откуда, и также называли себя черноголовыми. Они обосновывались в Междуречье, между реками Тигр и Ефрат, впадающие в Персидский залив. Они построили города-государства Ур, Урук, Лагаш, Эреду, Киш, Вавилон.

С шумерами связывают возникновение цивилизации в Древней Месопотамии. Они принесли с собой знания изготовления бронзы, гончарного круга, колеса, письменности, возведение храмов-зиккуратов, культовые обряды жрецов, произведения искусства, денежный обмен и рабство. Шумеры также принесли знания математики, кораблестроения, ремесла, торговли, медицины и астрономии. Множество научных знаний и всему этому мы обязаны шумерам. Вавилонские и ассирийские религии базировались на шумерских религиозных традициях. Эти же традиции легко прослеживаются во всех религиях пришедших им на смену.

Центром административной и религиозной власти в каждом городе был храм-зиккурат возглавляемый верховным жрецом. Шумеры поклонялись многочисленным богам.

Они не были кочевниками, строили первые города, копали ирригационные каналы, сажали зерновые культуры. Шумеры, возможно, прибыли из долины реки Инд или из Бахрейнского архипелага, где проживали многие столетия (не подтвердилось при раскопках). Возможно, они вышли из Индии, где вероятно и получили знания во многих областях.

Они владели многочисленными знаниями, строили города, прокладывали ирригационные каналы и строили храмы-зиккураты для поклонения своим многочисленным богам. Первые упоминания можно отнести к пятому тысячелетию нашей цивилизации. Все древние цивилизации возникали при определенных условиях. Благоприятный климат в долинах крупных рек, где условия для земледелия способствовали росту населения и созданию городских поселений. Из древних цивилизаций нам известны города-государства Месопотамии, в долине рек Тигр и Ефрат. Истории также известны Индийская, Китайская, Египетская, Финикийская, Крито-микенская цивилизации. Все они связаны с переходом первобытного сообщества охотников-собирателейот кочевого образа жизни к оседлому. Возможность одомашнивания диких животных ивыращивание зерновых культур, способствовала созданию впрок запасов продовольствия. Это, в свою очередь, давало уверенность в завтрашнем дне, что позволяло увеличивать потомство. Одомашненый скот давал молоко, мясо, шкуры для одежды. Глина на берегах рек была прекрасным материалом для строительства жилищ и создания поселений.

Это были города-государства, каждый со своим храмом-зиккуратом, в котором обитал бог данного города. Управление городом -государством осуществлял главный жрец храма-зиккурата, он же назначал военоначальников в случае войны или создания обороны города. Жрецы владели землей и решали вопросы создания системы ирригационных каналов. Они владели рабами (те, кто брал в долг, но не сумел выплатить, или просто пленники), создавали систему мер и весов, вели различный учёт, что потребовало создание письменности. Шумеры торговали с Индией, странами Ближнего Востока, Египтом.

На Аравийском полуострове (в доисторические времена это была саванна) обитали многочисленные семитские племена кочевников: аккадцы, арабы, арамеи, амореи, идумеи, набатеи, халдеи. Кочевые племена семитов-бедуинов бороздили пустыни Аравии. Они и сегодня живут прежней жизнью на юге Израиля. Одомашненные верблюды являются важнейшей частью подобной бродячей жизни. Северные племена аккадцев захватили шумерские города. До нас дошло имя царя-завоевателя, Саргон царь Шумер и Аккад. Само имя Саргон означает, законный. Легенда говорит о том, что сам Саргон был садовником царя Киша, но сверг последнего и сам стал царем. Он был первым, кто создавал из отдельных городов общее государство. Аккадский язык вытеснил шумерский и все записи того времени на глиняных табличках делали на аккадском языке. Легенда рассказывает о том, как мать Саргона скрывала свою беременность, а когда младенец родился, уложила его в корзину и отправила плыть по реке. Младенец был спасен и воспитан любящими родителями. Эта история о чудесном спасении младенца повторяется во многих легендах древнего мира.

Пришедшие с севера семитские племена аккадцев в XXIV до н.э. завоевали территории, занятые шумерскими городами. Правитель объединённых земель носил титул «царь Шумера и Аккад».

В третьем тысячелетии до н.э., на территорию Двуречья пришли семитские племена амореев. Один из вождей основал династию с центром в городе Вавилон. Цари последнего стали присоединять разрозненные города. К середине XXVII века до н.э. Вавилон стал единой месопотамской державой. До нас дошла знаменитая базальтовая стелла с Законами Хаммурапи (оригинал храниться в Лувре).

Вавилон, покоривший шумерские города-государства, принял их культуру и многобожие, строил грандиозный храм – зиккурат, названный Вавилонской Башней. Она не имел внутренних помещений и молебны проходили на верхних площадках. На верхней площади храма находилось отдельное возвышение. Место пребывания божества. Подобные жилища для богов строились и в других религиях. Наследники Хаммурапи не смогли удержать страну от нападения племен с Северного Ирана.

Хеттский царь Мурсили I в 1595 году до н.э. разграбил Вавилон, унеся с собой главные государственные реликвии, статую бога Мардука и его супруги.

Заканчивался бронзовый век, уступая место железному.

Вавилонию подчинила Ассирия, известная своей необычайной жестокостью. Ассирия захватила Вавилон но удержать не смогла.

**

Долины рек Инд и Ганг вероятно являлись первыми местами где зарождались цивилизации на нашей планете. Индия дала миру множество знаний в астрономии, математике, обработке металлов и сплавов, химии, медицине и системе счисления — позиционная система счисления по целочисленному основанию 60 десятеричной системе. Мир все еще использует эту систему счисления, измеряя время.

В Индии зародился индуизм, буддизм, сикхизм. Из Индии вышли племена цыган и арийцев. Последние осваивали Кавказские области и заселяли север Европы. Религией древних персов был зороастризм — вера в бога, Ахурамазда. Он создал все доброе в этом мире.

Переход от язычества к многобожию происходил достаточно долго, сохраняя влияние на прежние обряды и традиции поклонения новым божествам.

В XVIII веке до н.э., власть в Месопотамии захватили вавилонские семитские народы, подчинившие Месопотамию. Для верующих в реальность существования пророка Авраама существует гипотеза согласно которой Авраам из города Ура был шумером. Он мог быть семитом (аккадского или халдейского) происхождения по материнской линии, а по отцовской – возможно шумерской. Существовал ли реальный Авраам или его прототип, мы вряд ли когда-либо узнаем.

Переселившиеся в Ханаане предки семитских племен смешались с местным населением и стали единым народом — евреями.

По всей видимости мифы, заимствованные в шумерско-аккадской культуре, характерные для жителей Междуречья, нашли отражение в еврейской Торе. Сотворение человека, всемирный потоп, предание о Рае, прародителе Ное, Вавилонской башне, чудесное спасение дитя, отправленного в корзине по реке, и ставшего царём, все это уже было в легендах и преданиях народов, населявших Месопотамию.

Завоевание, а скорее заселение территорий в Ханаане кочевыми семитскими племенами относятся к XII веку до н. э. Нагорные террасы, поросшие травами, позволяли пасти скот. Постепенно кочевники переходили к оседлой жизни, выращивая зерновые культуры, осваивая культуру земледелия.

***

Евреи — это этническая и религиозная группа, корни которой уходят в древнюю историю Ближнего Востока. Происхождение еврейского народа связано с древними племенами, жившими в регионе, известном как Ханаан (современные Израиль и Палестина).

Во множестве языков понятия иудей и еврей тождественны. В ряде стран национальная принадлежность отличается от вероисповедания. В русском языке слово «еврей» означает национальность. В английском языке «Jew» переводится и как еврей, и как иудей. Для множества людей еврейство — это не национальность, а вера.

Вавилонский царь Хамурапи (в 1750-х годах до н.э.) издал свод законов, 282 параграфа высеченных на диоритовой стеле (сегодня хранится в Лувре). Десять заповедей в иудаизме, могли отражать часть подобных законов высеченных на стеле.

Тора объясняет что после исхода из Египта евреи странствовали по пустыне 40 лет, и только затем, получив 10 заповедей на горе Синайской наконец становятся избранным народом. Есть вопрос: — А где сама Тора и все остальные книги составляющие Танах? Когда и где они даны евреям? Отвечают ученые мужи, посвятившие жизнь изучению Торы: — Все знания были переданы народу Израиля через пророков. Все и сразу. Это знали первые люди: Адам, Ной, Авраам и его потомки патриархи, а также Моисей и другие пророки. Они все знали, но умение писать пришло позже. Так же говорят что было запрещено переписывать Тору.

Иудаизм явился основой для двух других наиболее распространённых мировых религий, христианства и ислама.Религиозные ценности еврейской национальной культуры стали достоянием общечеловеческой культуры.

Среди других теорий появления евреев в Ханаане, любопытна теория племен гиксосов. За два века до правления в Египте фараона Эхнатона воинственные семитские племена гиксосов завоевали Египетский трон. После двухсот лет правления они были изгнаны из Египта. Существует версия что потомки гиксосов могли быть тем народом, который вернулся из Египта, ведомый Моисеем (возможным приверженцем идей Эхнатона о единобожии). Состоялся ли исход евреев из Египта или все чудеса связанные с этим обстоятельством являются мифом, и что именно это дало повод для монотеистического учения, а евреев как нации?

Ответ: Скрижали Завета были вручены евреям на горе Синайской и оставалось только следовать этим заветам.

Вот так, все просто. В любой религии, основой является вера. Подвергать сомнению любой постулат, святотатство. Неверующим нечего делать в молитвенных домах благочестивых.

****

Переход от язычества к многобожию происходил достаточно долго, сохраняя влияние на прежние обряды и традиции поклонения новым божествам.

Современный иудаизм произошел от яхвизма, поклонение богу Яхве, более ранней форме иудаизма, религиозный культ Древнего Израиля и Иудеи, существовавший около VI—V веков до н. э.

Даже перейдя к поклонению единому богу, евреи продолжали традиции и обряды тотемных языческих традиций при молитвах. Ритуальные танцы со свитками Торы, которая заменила священный тотем. Особые одеяния, коленопреклонения с касаниями лбом пола, защита жилищ амулетами с написанными текстами, зажигание свечей и благословение хлеба перед трапезой. Навязывание на руку и на голову особым образом специальной ленты (тфилин) с коробочкой (внутри коробочки строки из Торы) на голову с обязательной молитвой. Выкуп первенца, был связан с принесением в жертву первого ребенка мужского пола (заменен на денежное приношение). Капарот – иудейский обряд, в честь священного праздника Йом Кипур (Судный День), связан с принесением жертвы (петуха или курицы), которую вращают над головой три раза, произнося положенную молитву. Специальный резник (шойхет) режет жертвенную птицу, которая затем отдавалась на благотворительность. В современное время жертвенную птицу можно заменить деньгами, поскольку это также используется на благотворительность. Подобная религиозная практика упоминается в вавилонских и персидских еврейских записях.

***

О многовековом пленении евреев в Египте, нет на сегодняшний день никаких источников, кроме самого Ветхого Завета. Археология продолжает находить все новые следы древних поселений и цивилизаций. Найдено более миллиона глиняных табличек, переживших тысячелетия. Ученые продолжают работать над найденными материалами и возможно однажды мы услышим подтверждение Египетского плена, исход, Красное море, расступившееся пропустить евреев, блуждание 40 лет по Синайской пустыне под предводительством самого Бога в пыльном столбе, множество чудес и наконец получение 10 заповедей на горе Синайской.

Но пока этого не случилось мы можем предположить, что семитские племена евреев (иври, омри етс., то есть пришедшие с той стороны реки (Ефрата), расселялись по Ханаану, воюя с местными племенами.

Образование объединенного Израильского царства при Сауле, Давиде и Соломоне в 10 веке стало важным этапом в формировании еврейского народа. Тора рассказывает о царе Давиде, отбившем у племени иевусеев небольшое горное поселение. Кто-то говорит о том, что поселение было выкуплено царем Давидом у иевусея Аравны. В Иерусалиме царь Давид установил жертвенник Богу Израиля, а его сын Соломон построил на этом месте Первый Храм. Там проводились службы с жертвоприношением и три раза в год все евреи-мужчины были обязаны приходить в Иерусалимский Храм во время религиозных праздников.

Согласно Торе: после смерти царя Соломона, его сын Ровоам не смог удержать страну от распада. Страна разделилась на два царства. Северное – Израиль и южное – Иудею. В восьмом веке до н. э. ассирийский царь Тиглатпаласар III напал на Северное царство Израиль, разорил его и увел в плен часть населения. Сохранилась надпись на которой указывается число пленников 13520, которых он увел. Они были расселены среди других народов, по традиции существовавшей в Ассирии, а на месте пленённых народов поселились другие народы. Учёные раввины говорят нам о том, что пленение было наказанием за несоблюдение завета и поклонение другим богам.

АССИРИЯ

На севере Месопотамии в округе Ашшур выросло сильное государство, которое называли первой мощной мировой державой. Ассирийцы создали совершенную энергичную и мощную военную машину, которой покорялись государства Западной Азии. Ассирийские армии вторгались в соседние страны, грабили и уводили в плен мирное население. О жестокости ассирийцев ходили легенды. Они отрубали сопротивляющимся ступни, пленникам протыкали щеки, связывали в цепи и в таком виде вели в плен. Ассирийцы совершили более 30 грабительских военных походов, захватив города Сирии, Финикии и Малой Азии. В IX-VII веках до н.э. Ассирия стремилась захватить торговые пути от Армянского нагорья до Средиземного моря. Покорив Вавилонию и Палестину Ассирия стала сильнейшей державой Ближнего Востока.

Древняя Ассирия — одно из наиболее значимых государств древнего Ближнего Востока, просуществовавшее более двух тысячелетий. Ассирия располагалась на территории современного Ирака, Сирии, Турции и частично Ирана, с центром в районе реки Тигр. Ассирийскую историю можно условно разделить на три периода:

Раннее царство (около 2500–2025 гг. до н. э.): Ассирия начинала как небольшой город-государство

Ашшур. **Среднеассирийский период (около 2025–1365 гг. до н. э.):** формирование более крупного государства. Ассирийцы начали расширяться на юг и запад. **Новоассирийский период (около 911–609 гг. до н. э.),** эпоха максимальной мощи. Ассирия стала первой в истории империей, контролируя огромные территории от Египта до Ирана.

Ассирийцы строили масштабные дворцы, крепости и зиккураты. Знаменитый дворец Ашшурбанипала в Ниневии поражал своими размерами и богатством. Барельефы и статуи из ассирийских дворцов изображали сцены охоты, войны и мифологических сюжетов. Ассирийские львиные охоты стали символом Ассирийской культуры.

Использовалась клинопись на аккадском языке. Благодаря этому сохранилось множество текстов, в том числе хозяйственные документы, царские летописи и эпические произведения. **В библиотеке Ашшурбанипала,** самой известной древней библиотеке, были найдены тексты, такие как эпос о Гильгамеше. Ассирийцы были искусными воинами и создали одну из первых профессиональных армий. Они использовали железное оружие, колесницы, осадные машины и организованную тактику. Их завоевания сопровождались жестокостью, включая массовые переселения и публичные казни. Ассирийцы поклонялись множеству богов, среди которых главным был Ашшур. Храмы и ритуалы играли центральную роль в обществе. Цари считались наместниками богов.

Империя была уничтожена в конце VII века до н. э. коалицией Вавилона и Мидии. Ниневия, столица империи, была разрушена в 612 г. до н. э., что стало символом конца Новоассирийского царства. Ниневия, Нимруд, Ашшур —

крупнейшие центры ассирийской цивилизации. Раскопки в XIX и XX веках позволили открыть миру эту культуру.

Барельефы, глиняные таблички и статуи хранятся в крупнейших музеях мира, включая Британский музей.

Ассирия заложила основы для административных систем, имперского управления и военной организации, которые позже использовали Персия, Рим и другие империи. Сегодня древняя Ассирия остается объектом глубоких исследований. Её наследие помогает понять развитие государственности, религии и культуры на Ближнем Востоке.

Нападение Ассирии на Израильское царство — важное событие в истории Древнего Ближнего Востока, которое произошло в VIII веке до н. э. и стало частью ассирийской экспансионистской политики. Оно завершилось уничтожением Северного Израильского царства и депортацией значительной части его населения. После разделения единого Израильского государства на два царства (Израиль и Иудею) в X веке до н. э., Израильское царство находилось в постоянной политической нестабильности, ослабленное внутренними конфликтами и борьбой за власть.

В VIII веке до н. э. Ассирия под руководством таких царей, как Тиглатпаласар III, Салманасар V и Саргон II, проводила активную политику территориальной экспансии. Регион Палестины был стратегически важен для контроля торговых путей и укрепления власти Ассирии.

Тиглатпаласар III (около 734–732 гг. до н. э.), Ассирийский царь вмешался в дела Израиля. После союза Израиля с Дамаском против Ассирии, Тиглатпаласар вторгся в регион, захватил северные территории Израиля (Галилею и Гилад) и депортировал их население.

Салманасар V (начало осады Самарии): При царе Осии Израильское царство попыталось выйти из-под ассирийского контроля, заключив союз с Египтом. В ответ Салманасар V начал осаду Самарии, столицы Израильского царства, около 725 г. до н. э.

После смерти Салманасара V, Саргон II завершил осаду Самарии, захватив город. Израильское царство было полностью уничтожено. После захвата Самарии Израильское царство прекратило своё существование как самостоятельное государство. Его земли стали ассирийской провинцией.

Ассирийцы применяли политику массовой депортации. Значительная часть населения Израильского царства (т.н. "десять колен Израилевых") была переселена в другие регионы Ассирии, такие как Мидия и Месопотамия. На их место были переселены жители других областей империи. Это способствовало разрушению культурной и религиозной идентичности израильтян.

Оставшиеся территории и население подверглись влиянию Ассирийской культуры, что привело к смешению народов, населявших эту страну.

Переселение "десяти колен" стало одной из центральных тем в еврейской традиции. Эти колена считаются "потерянными", а их судьба остаётся предметом споров и легенд. Переселение привело к формированию самаритянской общины — смеси оставшихся израильтян и переселённых ассирийцами народов. Эта община развила свою уникальную религиозную традицию, что позже стало причиной конфликтов с иудеями.

Победа над Израильским царством укрепила власть Ассирии в регионе, сделав её гегемоном Ближнего Востока. Уничтожение Израиля сделало Иудею единственным еврейским государством, что повысило её значение в истории Древнего мира. Однако Иудея также стала вассалом Ассирии.

Описание кампаний Тиглатпаласара III и Саргона II содержится в ассирийских надписях. Книга Царств (4 Царств 15–17) описывает завоевание Ассирией Израильского царства и падение Самарии, хотя текст содержит религиозную интерпретацию событий. Раскопки Самарии и других городов Израиля подтверждают разрушение и изменения в культуре региона.

Падение Израильского царства продемонстрировало силу ассирийской политики завоеваний и её влияние на судьбу народов Ближнего Востока. Это событие стало поворотным моментом в истории еврейского народа, определив дальнейшее развитие иудейской религиозной и культурной идентичности.

ВАВИЛОНСКОЕ ПЛЕНЕНИЕ

Вавилон в 19 веке до н. э. был подчинён племенами аморeев. Главный культовый храм был посвящён богу Мардуку. Вавилонский царь НавуходоноссорII захватил и уничтожил Иерусалим, разрушив Первый Храм. Вавилонское пленение евреев продолжалось более 50 лет (597–539 до н.э.).

В 538 году до н. э. персидский царь Кир Великий завоевавший Вавилон, позволил пленным народам, и евреям в том числе, вернуться в родные места и восстановить Храм.

В истории иудеев это–Период Второго Храма. Евреи под предводительством священника Ездры, начали работы по возведению Храма. Работы продолжались вплоть до 516 года до н.э. За долгие годы Вавилонского плена многие евреи ассимилировалась, но часть из них продолжала соблюдать традиции и обычаи своего народа. После разрешения персидского царя Кира возвратиться на родину, восстанавливать разрушенные храмы, многие евреи вернулись со своими семьями. Об этом свидетельствуют генеалогические списки в книге Эзры и Неемии. Последний был правителем Иудеи после возвращения из вавилонского плена. Эти два человека ответственны за религиозно-национальную консолидацию еврейского населения. Ездра священник и писец считается основоположником иудаизма. Он запретил евреям оставлять в Иудее приведенных жен не евреек, а также детей рожденных от этого брака. Все несогласные должны были уйти вместе с ними назад в Вавилон. Тем самым Ездра положил начало изоляционизма еврейской нации от мирового сообщества.

Многие ученые приписывают авторство священнику Ездре, как составителю первого письменного Талмуда, состоящего из Мишны – изложение устного закона и Гемары – толкование Мишны. Будучи грамотным человеком и живя много лет в Вавилоне он несомненно знал о шумерской культуре и традициях. Мифы о Гильгамеше и всемирном потопе, стеле Хаммурапи со сводом законов. Легенду о сотворении мира и влияние религии на социальное общество. С создания первого письменного Вавилонского Талмуда начинаются легенды и как они переплетаются с историей иудейского народа, возможно мы не узнаем никогда. Возможно еще хранятся где-то свидетельства реальных событий и ученые когда-нибудь расшифруют найденные глиняные таблички или папирусы, тогда мир узнает как всё это было на самом деле.

Дальнейшую историю иудеев мы можем проследить из Торы, переведенной на латынь и греческий языки. Других достоверных источников на сегодняшний день не существует. Различные мифы народов населявших Месопотамию того периода, сходны с записями в Торе и написаны клинописью у народов населявших древнюю Месопотамию, позволяют предположить события, происходившие на заре человеческой цивилизации.

Жизнь, историческое прошлое и религия древних евреев нам известна из письменной Торы, передававшейся из поколения в поколение. Вошедшая в Библию Тора, называется Ветхим заветом, повествует об истории древнего Востока. В эту, наиболее объемную часть Библии входят: 1. Пятикнижие: 2. Пророки: 3. Писания. Первые пять книг: «Бытие», «Исход», «Левит», «Числа»,

Второзаконие». Второй раздел: «Иисус Навин», «Судьи», две «Книги Самуила», две «Книги царей», рассказы о двенадцати «малых пророках». В раздел «Писания» входят: «Псалтырь», «Притчи Соломона», «Иов», «Песня песней», «Руфь», «Плач Иеремии», «Книги проповедника» (Экклезиаст), «Эсфирь», книги пророков Даниила, Эзры, Неемии, две книги Хроник.

***

В Торе (Закон) записана основополагающая концепция «избранного народа».Договор с богом, который оставил Аврааму и его потомству страну Ханаан, а Авраам обязался почитать только этого бога и выполнять все его предписания. Исполняя своё обещание бог, поручает Моисею вывести народ еврейский из Египетского рабства, затем вручает ему в пустыне десять заповедей и указывает Моисею написать законы в его Пятикнижие.

С момента вручения двух каменных скрижалей с выбитыми на них десятью заповедями, иудаизм отсчитывает свое рождение. Как нам говорят ученые мудрецы, в этот момент евреи получили не только скрижали завета, но всю Тору и все остальные книги учения.

Множество исследователей Ветхого завета сходились на том, что эти тексты принадлежат как минимум четырем авторами и относятся к созданию 6-5 веков до н.э.

Найденный в XX вере базальтовый столп с записанными на нем законами Хаммурапи (около 1750 года до н. э. разделенных на 282 параграфа), шумерские тексты поэм о Гильгамеше, архив фараона-реформатора Эхнатона (Аменхотепа 4) давший миру идею единого бога, множество других документов говорят об общем источнике, имеющем свои корни в Шумере и Египте.

Шумеры дали миру клинопись. Глиняные таблички на которых писали заостренными палочками, а скорее выдавливали тексты в форме клиньев. Клинописное письмо распространилось во многие культуры. Готовые таблички с текстом сушили и обжигали в печи. Шумерско-аккадская культура письма на глиняных табличках использовалась практически во всех языках Месопотамии. На арамейском языке написан вавилонский Талмуд, (Тора со всеми толкованиями, поправками, переводами и пр.) вошедшая в Библию как Ветхий завет. На арамейском языке говорил Иисус Христос.

В Ханаане северную часть побережья Средиземного моря, от горы Кармель до нынешнего Ливана, занимали семитские народы, финикийцы.

Отличные мореплаватели, они строили большие килевые корабли с тараном и прямым парусом. Они осваивали побережье Средиземноморского бассейна, доходили до Гибралтара, и дальше до Азорских и Канарских островов. Они основали Карфаген и множественные колонии на островах: Мальте, Сардинии, Кипре, Корсике, Сицилии. Изобрели свою письменность, которая стала основой греческого алфавита и латиницы.

Финикийский город Сидон упоминается в Торе. Финикийцы помогали израильтянам строить храм и поставляли кедровую древесину.

В 6 веке до н.э. Финикия была захвачена Ассирийской империей.

***

Евреи имеют богатую культурную и религиозную традицию, включающую такие тексты, как Тора, Талмуд, и множество других. Еврейская культура и религия оказали значительное влияние на мировую историю и развитие цивилизации. Исследования происхождения еврейского народа на основе археологических и исторических данных дают более научное представление о его возникновении.

Семиты — это группа древних народов, говорящих на семитских языках, включая аккадский, аморейский, ханаанейский и древнееврейский. Семитские племена населяли регион Ближнего Востока, в частности, территорию современного Леванта (Израиль, Палестина, Ливан, Иордания и Сирия).

Археологические раскопки в Леванте показывают, что в бронзовом веке (около 2000-1500 годов до н. э.) в регионе жили племена, которые можно отнести к предкам евреев. Угаритские и аморейские тексты содержат упоминания о народах и городах, которые можно связать с ханаанейскими племенами.

Примерно в середине второго тысячелетия до н. э. на территории Ханаана происходил переход от кочевого к оседлому образу жизни. Некоторые из этих групп начали строить города-государства.

Одно из таких поселений, определяемое как древний Иерихон, показывает следы непрерывного обитания начиная с неолита (от 7-го тысячелетия до н.э. до XVIII века до н.э.). В результате взаимодействия с египетской, месопотамской и хеттской цивилизациями семитские племена Ханаана перенимали различные элементы культуры, технологии и религии.

Культуры семитских народов того времени были тесно связаны, и на их развитие влияли миграции и торговля. Еврейская идентичность начала формироваться к концу бронзового века и началу железного века (около 1200-1000 лет до н. э.), когда появились первые надписи на древнееврейском языке.

Объединение различных семитских племен, таких как израильтяне и иудеи, под властью ранних еврейских царей, Саула, Давида и Соломона, что способствовало формированию единой этнической и религиозной идентичности.

Современные исследования с использованием генетики показывают, что еврейский народ имеет общее генетическое происхождение, связанное с древними ближневосточными популяциями. Это подтверждает, что евреи происходят из региона, который соответствует древнему Ханаану. Научные данные указывают на то, что евреи происходят от древних семитских племен, населявших регион Леванта, и их история включает в себя сложный процесс культурного взаимодействия, миграций и ассимиляции. Исследования происхождения еврейского народа на основе археологических и исторических данных дают более научное представление о его возникновении. Происхождение евреев на основе научных данных включают археологию, лингвистику, генетику и историю.

Древние ханаанеи, которые населяли регион Ханаан (современные Израиль и Палестина), считаются предшественниками евреев. Археологические находки, такие как город Гезер и Лахиш, подтверждают существование развитых ханаанейских городов-государств.Появившиеся археологические свидетельства о конце бронзового века (около 1200 до н. э.),можно связать с поселениями ранних израильских племен. Это небольшие деревни в горных районах центрального Ханаана.

Древнееврейский язык, на котором говорили ранние евреи, является одним из ханаанейских языков, что подтверждает их происхождение из этого региона. Древнееврейские надписи, свидетельствуют о развитии письменности и культуры.

Современные генетические исследования показывают, что евреи имеют общее генетическое происхождение, связанное с древними ближневосточными популяциями. Исследования Y-хромосомы и митохондриальной ДНК указывают на общих предков с другими семитскими народами региона.

Египетская стела, датируемая 1208 годом до н. э., содержит первое вне библейское упоминание о народе "Израиль" в Ханаане.

Ассирийские и вавилонские хроники содержат упоминания о царствах Израиля и Иудеи, подтверждая существование организованных еврейских государств в 9-7 веках до н. э. Ранние израильские племена состояли из групп, которые могли включать как оседлых ханаанеев, так и мигрантов из других регионов. Эти племена постепенно объединились, сформировав общую культурную и религиозную идентичность.

Научные данные указывают на то, что евреи произошли от древних семитских племен, населявших регион Ханаан, и процесс их формирования включал ассимиляцию и интеграцию различных культурных и этнических элементов, что привело к созданию уникальной еврейской идентичности.

Исторические факты и знания, подтверждающие теорию проживания еврейского населения в Египте основаны на различных археологических и исторических свидетельствах. Существование евреев в Египте, как описано в Библии, особенно в отношении Исхода, является предметом дебатов среди историков и археологов.

Основным источником сведений о пребывании евреев в Египте является Танах (Ветхий Завет), особенно книги Бытие и Исход. Эти книги описывают переселение семьи Иакова в Египет и их жизнь там, а также последующий Исход под предводительством Моисея.

Документы, найденные на острове Элефантина (современный Асван), подтверждают существование еврейской общины в Египте в 5 веке до н. э. Эти папирусы включают юридические и личные документы еврейской военной колонии.

В разных частях Египта были найдены гробницы и надписи, указывающие на присутствие семитских народов. Например, в гробницах Бени-Хасан (XX век до н. э.) есть изображения семитских племен, которые переселяются в Египет. Деталь кладбища Бени Хасан. Кочевники-семиты на пути в Египет, одного из которых звали Ависа или Ависар, которого называли гиксосом, что в древнем Египте означает «правитель чужой земли».

Раскопки в древнем городе Аварис, столице гиксосов, обнаружили следы семитских поселений. Гиксосы были семитскими правителями Египта в период Второго промежуточного периода (около 1650-1550 до н. э.).

Текст Манефона, который определяет, что пастухи были предками евреев, продолжается и передает еще одну историю. Спустя столетия после изгнания гиксосов из Египта египетский правитель фараон Аменхотеп пожелал посоветоваться с богами. Его консультанты сказали ему, что единственный способ приблизиться к богам - это очистить Египет от прокаженных, живших на границе. Аменхотеп собрал всех прокаженных на своей территории и сосредоточил их в заброшенном городе Аварис, бывшей столице гиксосов. Прокаженные восстали против него под предводительством прокаженного священника по имени Осарсеф, который основал для них новую враждебную религию, основными принципами которой были отрицание политеизма и вера в единого бога. По мнению некоторых исследователей, Осарсеф заимствовал свои монотеистические идеи от фараона Эхнатона, правившего Египтом в предыдущие века.

Манефон сообщает, что Осарсеф отправил послов за границу для создания сил военной помощи, прося также помощи у потомков гиксосов, иудейских пастухов, которые массово приходили поддержать его и прокаженных.

Вместе они сформировали новую силу, захватившую Египет. Новый правитель Осарсеф, предводитель прокаженных, затем стал царем, который собирал налоги и проповедовал против египетских богов. Так кем был Осарсеф?

По словам Манефона, после присоединения к гиксосам Осарсеф изменил свое имя на Моисей. Хотя он действительно называет Моисея фанатичным ненавистником и изоляционистом, Манефон также говорит об уникальной мудрости, храбрости Моисея и о том, что египтяне называли божественным присутствием, - описание, которое соответствует библейскому описанию Моисея в Исходе, 11, 3: «Моисей был весьма велик в земле Египетской в глазах рабов фараоновых и в глазах народа».

Большой папирус Харриса - самый длинный известный папирус из Египта (40 метров в длину), обнаруженный в могиле недалеко от штата Хабу напротив Луксора, на западном берегу Нила. Папирус Харриса повествует о времени, когда Египет был пустынной землей, лишенной твердого руководства, пока к власти не пришел человек по имени Ирсу. Буквальное значение его имени - притворщик, человек вне династии, притворяющийся королем. Ирсу также был харру, то есть происходил либо из Ханаана, либо из-за реки Иордан, территорий, называемых по-Харру египетскими. Эти два титула подразумевают, что Ирсу не был достоин престола. Читая дальше, мы узнаем, что Ирсу собирал налоги, использовал это для подавления египетской религии и не позволял прихожанам приносить жертвы в свои храмы. Затем произошел поворотный момент: когда боги восстановили милость Египта, они посадили на трон своего сына - Сетнахте, фараона-основателя 20-й династии. Сетнахте сразился с чужеземцем, избавился от него и занял трон.

Согласно теории профессора Кноля, Ирсу,

упомянутый в вышеупомянутых источниках, тот, кто презирал египетскую религию и привел наемников из Ханаана, на самом деле был Моисеем. Он подтверждает свое предположение тем фактом, что царицей, правившей до Сетнахте, была Тусрет, жена второго Сетхи, умершего в 1196 году до нашей эры. В документах говорилось, что ее правление длилось всего два-три года, после чего произошло загадочное событие.

Древнеегипетский текст, Папирус Ипувер, датируемый примерно концом Второго промежуточного периода, описывает катастрофические события, которые напоминают библейские казни Египетские. Однако, его интерпретация спорна.

Историки и археологи предполагают, что в периоды голода или политической нестабильности семитские племена, включая предков евреев, могли переселяться в Египет в поисках лучшей жизни. Эти миграции могли происходить на протяжении нескольких столетий.

В разных периодах истории Египта семитские народы играли значительную роль, включая периоды правления гиксосов. Это подтверждает возможность существования семитских общин в Египте.

Косвенные свидетельства, или конкретные археологические находки, подтверждающие библейский рассказ об Исходе, пока не обнаружены.

ГИКОКСЫ В ЕГИПТЕ

Среди теорий появления евреев в Ханаане, теория племен гиксосов занимает особое место. За два века до правления Эхнатона (египетский фараон провозгласивший единобожие в лице бога солнца Атона), воинственные семитские племена гиксосов завоевали Египетский трон. После двухсот лет правления они были изгнаны из Египта. Существует версия что потомки гиксосов могли быть тем народом, который вернулся из Египта, ведомый Моисеем (возможным приверженцем идей Эхнатона в единобожии). Состоялся ли исход евреев из Египта или все чудеса связанные с этим обстоятельством являются мифом, дало повод составителям Торы установить отправной момент отсчета и место, где произошло начало иудаизма как религии, а евреев как нации. Скрижали Завета (10 заповедей) были вручены евреям на горе Синайской.

Гиксосы были семитскими народами, пришедшими из Леванта (восточного Средиземноморья), которые захватили власть в Египте в период Второго промежуточного периода (около 1650-1550 до н. э.). Название "гиксосы" происходит от египетского слова "хекау-касут", что переводится как "правители чужеземных земель".

В течение периода Среднего царства (около 2050-1710 до н. э.) в Египет происходили миграции семитских народов, которые постепенно оседали в дельте Нила. Семиты оседали в восточной части дельты Нила, занимались торговлей и сельским хозяйством, интегрировались в египетское общество.

В конце периода Среднего царства Египет переживал политическую нестабильность и ослабление центральной власти. Это создало благоприятные условия для гиксосов, которые воспользовались этой ситуацией. Гиксосы обладали передовыми военными технологиями, такими как колесницы, луки и бронзовое оружие, что дало им преимущество перед египетскими войсками. Гиксосы захватили столицу Египта Мемфис и основали свою столицу в городе Аварис (современный Телль эль-Даба) в восточной дельте Нила. Они правили северной частью Египта, в то время как юг оставался под контролем египетских правителей из Фив.

Манефон, египетский жрец и историк, живший в III веке до н. э., является одним из основных источников сведений о гиксосах. В своем труде "История Египта" Манефон описывает приход гиксосов и их правление, однако его работы сохранились только в пересказах более поздних авторов, таких как Иосиф Флавий.

Манефон называл гиксосов "царями-пастухами" и утверждал, что они правили Египтом около 500 лет, хотя современные историки считают, что их правление длилось около 100 лет. Иосиф Флавий, еврейский историк I века н. э., в своей работе "Против Апиона" цитирует Манефона, отождествляющего гиксосов с древними евреями. Иосиф Флавий утверждал, что гиксосы и были предками евреев, которые затем были изгнаны из Египта, что стало началом их исхода.

Апион, александрийский ученый I века н. э., также упоминает гиксосов в контексте египетской истории и связывает их с евреями. Однако его работа в значительной степени критиковалась Иосифом Флавием за антиеврейские настроения. Связь евреев с гиксосами является предметом научных дискуссий.

Можно предположить, что семитские племена евреев расселялись по Ханаану, воюя с местными племенам.

Даже перейдя к поклонению единому богу, евреи продолжали традиции и обряды тотемных языческих традиций при молитвах. Ритуальные танцы со свитками Торы, которая заменила священный тотем. Особые одеяния, коленопреклонения с касаниями лбом пола, защита жилищ амулетами с написанными текстами, зажигание свечей и благословение хлеба перед трапезой. Навязывание на руку и на голову особым образом специальной ленты (тфилин) с коробочкой (внутри коробочки написанные строки из Торы) на голову с обязательной молитвой. Выкуп первенца, был связан с принесением в жертву первого ребенка мужского пола (заменен на денежное приношение).

Капарот – иудейский обряд, в честь священного праздника Йом Кипур (Судный День), связан с принесением жертвы (петуха для мужчины и курицы для женщины), которую вращают над головой, произнося положенную молитву. Специальный резник (шойхет) режет жертвенную птицу, которая затем отдавалась на благотворительность. В современное время жертвенную птицу можно заменить деньгами, поскольку это также используется на благотворительность. Подобная религиозная практика упоминается в вавилонских и персидских еврейских записях.

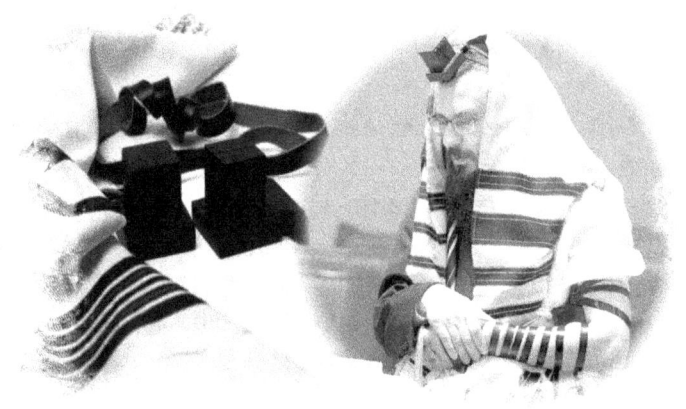

ГРЕКИ И ЕВРЕИ

Александр Великий (Македонский) родился в 356 году до н.э. Объединил греческие города-полисы для борьбы с персидской империей. Персы были разбиты, персидский царь Дарий был убит своими приближенными. Греки завоевали всю Переднюю Азию, Месопотамию, Ближний Восток и Египет. Пытались завоевать Индию, но отказались.

Александр Македонский в 334 году до н.э. начал разгром Персидской империи и к 330 году до н.э. захватил важнейшие города Персии, Сузы и Персеполь. Его встречали в Иерусалиме служители храма во главе с первосвященником Яддуа, который благословил полководца.

После смерти Александра Македонского в 323 году до н.э. завоёванные территории были поделены между полководцами (диадохами) царя. Египет отошел к Птолемеям, а Сирия к Селевкидам. Вооруженные конфликты за раздел сфер влияния между этими диадохами продолжались более 40 лет. Ближневосточная территория, через которую проходили все торговые пути на которых располагалась Иудея служила источником вечных войн между Селевкидами и Птолемеями.

Иудея была пограничной областью между двумя империями. Здесь находились значительные военные контингенты. Здесь проходили важные торговые пути из Индии, южной Аравии и Египта. Иудея, переходящая из рук в руки, страдала экономически. Многочисленные переселенцы из Греции, создавали греческие поселения и города.

Первые 100 лет Иудея находилась под властью Птолемеев, но в 200 году до н. э. Иудея перешла под власть Селевкидов. Последние рассматривали Иудею как автономию со столицей в Иерусалиме. Управлялась Иудея советом старейшин во главе с первосвященником. Правовые законы автономии базировались на Торе, как источнике права. Иерусалимский Храм был центром религиозной и политической жизни страны. Согласно закону Моисея, каждый взрослый еврей был обязан вносить 1/2 часть шекеля на содержание храма.

Население Иудеи испытывало проникающие влияние эллинистической культуры. Детей называли греческими именами. Естественный поток греческой эллинизации влиял на общество, создавая религиозные и культурно-политические трения. Антиох III, правитель государства Селевкидов, потерпел поражение от появившейся в Азии Римской империи, и был обязан выплачивать победителям контрибуции. Антиох III был убит и его преемник Селевк IV решил изъять средства из Иерусалимского храма. Возникшее сопротивление греко-сирийским властям привело к открытым противостояниям.

Пришедший к власти Антиох IV Епифан решил силой ввести греческую культуру, религию и язык. Иерусалимский Храм стал в 167 до н. э. святилищем Зевса Олимпийского. В Храме приносились языческие жертвоприношения. Взрыв негодования вылился в вооруженное восстание. Возглавил восстание 166 года до н. э. священник Маттафия из рода Хасмонеев. После его смерти во главе восставших стал его сын, Иуда. Посланные войска на усмирение восставших были разбиты. Через три года беспрерывных сражений восставшие вошли в Иерусалим.

ЛЕГЕНДА ИСТОРИИ ПРАЗДНИКА ХАНУКА

Храм был очищен, и религиозные лидеры объявили о чуде. Нужно было зажечь минору, священный восьми свечник, который должен гореть все эти дни.

Но чистого, не осквернённого, масла в горшочке запечатанном храмовой печатью для горения могло хватить только на один день. Времени для приготовление ритуально чистого масла не было. Но о, чудо! Минора горела все восемь дней. В честь такого явного чуда был установлен праздник Хануки.

Опасаясь дальнейшего сопротивления со стороны греко-сирийских войск, Иуда Маккавей заключил договор с Римом о военной взаимопомощи. Вскоре Иуда погиб в сражении. Его братья Ионотан и Симон продолжили тактику партизанской борьбы. После гибели Ионатана, Иудею возглавил Симон, которого сирийский царь Антиох VII признал вождем Иудеи. Симон был убит и его сын Йоханан Гиркан, при помощи римлян, добился власти в Иудее.

Наследники Хасмонеев обратились к римлянам за помощью при разрешении престонаследственных споров. Римский полководец Гней Помпей, за ранние успехи прозванный «Великим», в честь его героя детства Александра Македонского. Придя на помощь в Иудею разрешить споры о престолонаследии Помпей превратил Иудею в римскую провинцию. В 37 году до н.э., Рим назначил царем Иудеи сына идумеянина и арабки, Ирода. Он впоследствии был назван Великим за свои многочисленные строительные успехи. Ирод перестроил Второй Храм, создав великолепнейшее здание для своего времени. Народ его не любил, а растущие налоги и притеснения со стороны римлян вызывали бунты и возмущения.

В 63 году до н. э. римский полководец Помпей, приглашенный наследниками на трон первосвященника Гиркана II и Аристобула II для разрешения спора между ними, захватил Иерусалим. Иудея стала протекторатом Римской республики. Помпей восстановил Гиркана II в качестве первосвященника. Иудея должна была выплачивать дань и подчиняться римской власти. Иудея перешла под прямое управление римской администрации.

Сын идумеянина Антипатра, римского прокуратора Иудеи, Ирод, получивший римское гражданство, выступил перед римским сенатом и был назначен царем Иудеи. В 37 году до н. э., при помощи римских войск взял Иерусалим. Ирод был назван Великим за многочисленные строительства городов, крепостей, гавани, амфитеатра, порта, цитадели, а главное за расширение и реконструкцию Второго Иерусалимского Храма. Царь Ирод реконструировал Второй Храм в 22 году до н.э. Реконструкцию продолжали его наследники вплоть до Иудейской войны (67 год н. э.).

Ирод Великий сохранился в памяти как очень жестокий, параноидальный, мстительный и очень подозрительный человек, казнивший свою жену и сыновей.

Умер в 4 году до н. э.

**

Политика Римской империи, направленная на внедрение в сознание порабощённых народов представления об исключительной, «божественной» власти императора, а также поощряемое римскими наместниками укрепление позиций Рима в Израиле. Это приводило к многочисленным восстаниям евреев против поработителей, получивших название Иудейские войны, 1-2 века н.э.

Первая Иудейская война — восстание евреев в Израиле (66 - 73 годы) против владычества Рима.

Поначалу никто в Риме не воспринимал восставших всерьез. Считалось, что гарнизоны, расположенные в Сирии и самой Иудее, легко справятся с бунтовщиками. Время шло и римские войска терпели поражение. Иудея сопротивлялась отчаянно, и император Нерон отправил в Иудею полководца Веспасиана во главе армии. Последний захватил Галилею, Самарию и подступил к Иерусалиму.

После гибели Нерона римские легионы на Востоке провозгласили Веспасиана Императором, ставшим основателем династии Флавиев. Его сын Тит тщательно готовился к штурму Иерусалима. Император, оставив во главе армии своего сына поспешил в Рим.

Тит Флавий, принявший командование римскими войсками на себя, в течении пяти месяцев он осаждал Иерусалим. В 70 году н.э., Второй Храм был взят, разрушен, разграблен и сожжен римскими войсками, под предводительством Тита. Оставшиеся в живых жители города были проданы в рабство.

Большинство защитников были убиты, выжившие взяты в плен. Вернувшись в Рим, Тит Флавий отпраздновал триумф вместе со своим отцом Веспасианом и братом Домицианом.

Победителю был устроен в Риме триумф. Под пролетом триумфальной арки Тита Флавия провели пленных евреев, несущих трофеи, изъятые из Иерусалимского Храма.

Потери были огромными для еврейского народа, но евреи выжили в этой битве с Римом. Изгнанники потихоньку возвращались. Во многих уголках страны существовали еврейские общины. Иудея снова бурлила, готовясь к восстанию в ожидании прихода Мессии.

ИУДЕЙСКИЕ ВОЙНЫ

Шел тридцатый год новой эры. Иудея бурлила. Римская власть, сделав Иудею автономией, подчинила управление Сирийскому наместнику. В Иерусалиме находился прокуратор Иудеи и гарнизон римских солдат. Гражданская власть в стране была поделена между наследниками Ирода Великого. Религиозная власть осуществлялась Синедрионом. Многочисленные религиозные партии: фарисеи, саддукеи и ессеи, три основные религиозно-философские школы, вели схоластические споры о правильном токовании Торы, по сути, это была борьба за власть и влияние.

Упадок и брожение народа в стране, так же связанно с непосильными налогами Рима, произволом и насилием римских прокураторов, враждовавшими между собой партиям, мессианскому движению ожидания обещанного чуда, появление Мессии, что сделает Иудею вновь независимой страной, где воцариться мир и справедливость. Все эти факторы подготовили почву для появления Христа с его учением. Его называли Мессией, сыном Божьим, что практически означало царь Иудейский. Партия зелотов призывала к вооруженному сопротивлению и убийству римских солдат.

Понятно, что ни Синедрион, ни римский прокуратор такого покушения на власть допустить не могли. Христос был схвачен, судим и казнен через распятие на кресте. Согласно Новому Завету, четверо из его учеников-апостолов, оставили записи о жизни Учителя и его учении. Эти записи - евангелии (благая весть, греч.) появились написанными на греческом языке в 40–80 годах н. э.

Восстание против Рима разразилось в 66 году н. э. Прокуратор Иудеи Гессий Флор потребовал у Иерусалимского храма выплатить в казну 17 талантов. После отказа Гессий Флор приказал войскам напасть на евреев. Храм был разграблен, при этом погибло более 3600 евреев. Иудея восстала.

Разрушение Храма, потеря независимости, гибель сотен тысяч евреев и пленение тысяч угнанных в рабство было катастрофой для еврейского народа. Все последующие 60 лет в опустевшей Иудее не утихали волнения, которые в 132 году переросли в восстание под предводительством Бар-Кохбы. Поначалу ему сопутствовал успех и его даже называли Мессией. Император Адриан отправил в Иудею полководца Юлия Севера, евреи были разбиты и Бар-Кохба погиб. В соответствии с римской традицией Иерусалим был вспахан упряжками волов и посыпан солью.

Иудея утратила государственность. Евреи были изгнаны из Иерусалима. Провинцию Иудею переименовали в Сирию Палестинскую. Иерусалим был переименован в Элию Капитолину, и он стал языческим городом с возведенным храмом Юпитеру. Сама Иудея переименована в палестину Сирийскую. Столица страны была перенесена в Цезарию (Кейсарию).

*(ивр. תשעה באב)

Евреям было запрещено посещать Элию Капитолину кроме одного дня в году – 9 ава * (Девятое ава - Тиш'а бе-ав) — национальный день траура еврейского народа — день, когда были разрушены Первый и Второй Иерусалимские храмы).

Против евреев начались жестокие преследования. Пленных евреев продавали на многочисленных невольничьих рынках. Евреям было запрещено проживание в Иерусалиме, отправление религиозных иудейских обрядов, изучение Торы. Был установлен запрет на обрезание, которое приравняли к кастрации. В стране вводился жестокий военный режим. Многие жители покидали страну, в надежде найти свою долю на чужбине. Евреи рассеялись по Европе, Северной Африке и Ближнему Востоку, создавая многочисленные общины.

Начиналась новая, самая тяжелая страница в истории еврейского народа. Наступила эпоха рассеяния продолжавшаяся почти 2000 лет. Страдания, гонения, отторжение, казни и поношения. Начиналась эпоха христианства, не желающего мириться с другой монотеистической религией. Преследования, понуждение к обращению в христианство, вражда и презрение власти передавалась простому народу. Евреев обвиняли во множестве грехов и несчастьях случавшихся повсеместно. Принимались антиеврейские законодательства, поощрялись нападения религиозных фанатиков, громились синагоги, а еврейское население изгонялось и уничтожалось.

Еврейское рассеяние после разрушения Храма и изгнания разделилось на несколько потоков. Основная масса отправилась в Месопотамию, расселившись там, где существовала религиозная жизнь. Большой поток евреев направился вдоль африканского северного побережья. В Египет, Марокко и дальше на Пиренейский полуостров в Испанию. Ещё один поток направился на Балканский полуостров, по побережью Черного моря и Крыма, оттуда по Днепру до Киева.

Множество еврейских колоний возникли в Риме, в Северной Италии, Франции, Германии и множестве других стран и городов.

Ассимиляции европейских евреев мешало формирование национальных идеологий и неутихающие антисемитские концепции. Присоединение к России польско-литовских земель, вместе с евреями, где они жили большими колониями, привело к усилению антисемитских настроений среди русского народа. В России после смерти царя Александра Второго усилились погромы и беспорядки. Ограничение в правах толкало еврейское население к эмиграции.

ХРИСТИАНСТВО

Для самих иудеев история народа на стыке двух эпох, останется историей противостояния римским завоевателям. Рим, ставший крупнейшей и самой могущественной империей мира, подчинял всех и вся, превращая страны и народы в вассалов, платящих дань своему господину.

Для остального мира это был момент рождения новой религии, которой было суждено завоевать античный мир и распространить свое неоспоримое влияние не только на существующие страны и континенты, но даже на открытый через 15 веков громадный континент Америки. Эпохи разделились на до и после рождения нового Бога-Сына Иисуса Христа. По иронии судьбы с его рождения последователи ведут отсчет, как новая эра в истории человечества с первого года н. э. (новая эра или наша эра от рождения Иисуса Христа). Всё что было до этого рождения, ведет отсчет в глубины прошлого, до нашей эры, (до н. э.) в обратном отсчете.

Христианская идеология стала основой для подавления остальных верований, которая оправдывала военные походы «для защиты святой веры и освобождения святых мест». Эта идеология создавала чувство единства у европейских народов, и приводила к насилию и конфликтам с другими верованиями.

Новая религия, впоследствии названная христианством, не сразу овладела умами и сердцами своих последователей. Адепты новой религии подвергались гонениям, поруганию и казням. Сам Бог новой религии был распят на кресте. Ученики Христа (апостолы) возвестили, что учитель воскрес и являлся им, предъявляя раны от распятия. Воскрешение учителя доказывало вне всякого сомнения, что он Сын Божий. После того, когда учитель был вознесён на небо, верные апостолы отправились разносить его учение среди других народов. Их постигла участь учителя, за исключением Иоанна и Иуды Искариота, который как известно повесился.

Иисус Христос родился в иудейской семье. Его мать, Дева Мария (согласно версии о непорочном зачатии) забеременела и родила мальчика, которого отец, Иосиф плотник признал своим сыном. Рождение ребенка сопровождалось не только различными чудесами, но и подвергалось опасности со стороны царствовавшего тогда Ирода Великого. Семье пришлось бежать в Египет, чтоб спасти дитя от гибели.

Детство, отрочество и юность Иисуса практически неизвестны, кроме того, что он вырос в Галилее, где и получил традиционное иудейское образование. Евангелисты рассказывают, что он жил с родителями в городе Назарет. Он явился народу в возрасте 30 лет.

Согласно иудейским правилам, этот возраст позволяет стать учителем и проповедником.

Проповеди Христа хорошо известны и нет смысла здесь из повторять. Он называл себя сыном божьим, для которого Храм Иерусалимский был домом. Его проповеди собирали множество народа. Его 12 верных учеников сопровождали Христа во всех путешествиях по стране. Иудея управлялась потомками Ирода Великого.

Иудею сотрясали религиозные волнения. Различные секты распаляли умы и вызывали волнения. По стране бродили проповедники различного толка, рассказывающие о приходе Мессии, к которому нужно готовиться нравственно и соблюдая аскетический образ жизни. Партия зелотов призывала к гражданской свободе и свержению римского ига. Иудеи ждали предвестника Мессии, пророка, который очистит народ от греховных поступков и мыслей. Народ иудейский верил, что всякий иудей по праву рождения войдет в Царство Мессии.

Учение Христа отличалось от традиционного Талмудического учения и вызвало несогласие и раздражение. В Назарете, городе в котором Христос вырос, его жители хотели сбросить его со скалы (традиционный вид казни) за проповеди, отличные от принятых в то время. Известна фраза Христа: «Пророка нет в отечестве своем».

Иоанн, проповедовавший на реке Иордан, требовал от народа исправления, символизируя это новым обрядом, крещением в водах Иордана. Христос принял крещение. Иоанн был назван предтечей.

ИСТОКИ АНТИСЕМИТИЗМА

Антисемитизм как явление родился с появлением христианства. В самом начале христианского вероучения его воспринимали как ещё одно сектантство в иудаизме. Сам проповедник нового взгляда на иудаизм Иешуа ха-Ноцри (Иисус из Назарета) и все его 12 учеников были иудеями. Они все пока ещё оставались евреями, но воспринимающие по-разному «Закон Моисея». Окончательное размежевание между христианством и иудаизмом произошло на Первом Никейском церковном соборе в 325 году в городе Никкее.

Но уже около 50 года в Иерусалиме произошёл так называемый раннехристианский Апостольский собор, где разбиралось отношение вновь-обращённых иудеев-христиан к соблюдению «Закона Моисея». Отменялось обязательное обрезание для мужчин, жертвоприношения животных в Иерусалимском храме, а также множество обрядовых ритуалов. Вновь-обращённые продолжали соблюдать правила кашрута, традиции и обряды. Им предписывалось воздерживаться от прелюбодеяния и идолопоклонства. Гонения на христиан усилились с момента проповедования нового учения не только на евреев, но и на греков, проживавших в Сирийских городах.

Все эти события происходили 2000 лет назад. Без определённых знаний о происходящих тогда изменениях в том мире, невозможно оценить или создать связь между народами, религиями и политическими событиями.

Христианская религия приобретала все большую силу и подчиняла все больше стран. Христианские отцы церкви требовали от евреев принятия христианской веры. Отказ подчиниться вызывал религиозный фанатизм, гонения и натравливание населения на защиту от пришельцев.

Новый Завет принес с собой противостояние христиан иудаизму. Это создало атмосферу дискриминации и антисемитизма против еврейского народа на протяжении всей истории и продолжается в настоящее время.

Идея о том, что Новый Завет является антисемитским, возник в первые столетия появления христианства и усилился после Холокоста. Дебаты вращались вокруг того, как определяется антисемитизм, вокруг научных разногласий по поводу того, имеет ли антисемитизм монолитную непрерывную историю или охватывает множество различных видов враждебности к евреям на протяжении истории. В основе написания канонических текстов, и документов Нового Завета обвинения среди конкурирующих сект были всегда. Новый Завет содержит множество текстов, написанных на протяжении десятилетий и представляет собой христианский антисемитизм. В Новом Завете есть множество тем, которые стали источниками антииудаизма и антисемитизма.

Слово «еврей» превратилось в самое страшное христианское ругательство. Во многом это произошло потому, что «евреи» выступали в качестве объекта полемики в сочинениях самих эллинизированных евреев — в посланиях Павла, Евангелиях и в наибольшей степени в самом еврейском Писании, в Септуагинте (перевод Торы на греческий язык), — а новые движения оглядывались на эти тексты, конструируя собственную теологию.

Христианская религия приобретала все большую силу и подчиняла все больше стран. Христианские отцы церкви требовали от евреев принятия христианской веры, а отказ вызывал религиозную ненависть, гонения и натравливание населения на защиту от пришельцев. Возникший в 7 веке ислам и его лидеры поначалу относились к евреям лояльно. Но со временем это отношение менялось. В Аль Андалус (арабская Испания) и Северной Африке множество евреев были насильно обращены в ислам. Христианские короли Испании, изгнавшие арабов из Испании (реконкиста), в XV веке поставили перед евреями условие: «принятие христианской веры или изгнание». Принявшие крещение евреи (марраны) жили в отведенных гетто, находились под неусыпным контролем Святой Инквизиции. Малейшее подозрение в совершении еврейских религиозных обрядов могло закончится, после пыток и мучений, на костре. Кровавые наветы против евреев, обвинения в распространении эпидемий, погромы, убийства, насилия и принудительное крещение детей, такова была цена рассеяния.

В Западной Европе изгнания и преследования евреев толкали их все дальше на Восток. Открытие Колумбом Америки позволило многим евреям отправиться в Новый Свет в поисках лучшей доли.

Ассимиляции европейских евреев мешало формирование национальных идеологий и неутихающие антисемитские концепции. Присоединение к России польско-литовских земель, где евреи жили большими колониями, привело к усилению антисемитских настроений в русском народе. После смерти Александра Второго усилились погромы и беспорядки. Ограничение в правах толкало еврейское население к эмиграции.

***

Блаженный Августин (354-430) о евреях... убийцы Христа, злобные и гнусные, яростно рычащие львы, гадюки, змеи, скорпионы; вороны, кормящиеся падалью; союзники Сатаны, одержимые безумным гневом...

"Евреи виновны в распятии Иисуса - как таковые они виновны в богоубийстве.

Несчастья еврейского народа на протяжении всей истории представляют собой Божье наказание за убийство Иисуса".

"Изначально Иисус пришел проповедовать только евреям, но когда они отвергли его, он вместо этого оставил их ради язычников".

Дети Израиля были изначально избранным Богом народом в силу древнего завета, но, отвергнув Иисуса, они утратили свою избранность - и теперь, в силу Нового Завета (или "завета"), христиане заменили евреев в качестве избранного Богом народа, Церковь стала "народом Божьим".

Еврейская Библия ("Ветхий" Завет) неоднократно изображает непрозрачность и упрямство еврейского народа и его нелояльность Богу.

"Еврейская Библия содержит множество предсказаний о пришествии Иисуса как Мессии (или "Христа"), однако евреи слепы к значению своей собственной Библии".

"Трансформация христианства из иудейской секты, состоящей из последователей иудейского Иисуса, в отдельную религию, которая занималась прозелитизмом среди язычников, лояльных Римской империи. История Иисуса была переделана в антииудейскую форму, когда Евангелия приняли свою окончательную форму".

"Критика иудаизма в Новом Завете использовались для разжигания предрассудков и насилия в отношении еврейского народа".

"Обвинение в том, что евреи совершили богоубийство, было самым мощным основанием для антисемитизма со стороны христиан. Самый ранний зарегистрированный случай обвинения в богоубийстве против еврейского народа в целом - в том, что они коллективно ответственны за смерть Иисуса — встречается в проповеди 167 г. н. э., приписываемой Мелитону Сардийскому, под названием Peri Pascha, На Пасху. Этот текст обвиняет евреев в том, что они позволили царю Ироду и первосвященнику Каиафе казнить Иисуса. Мелитон не возлагает особой вины на Понтия Пилата, он только упоминает, что Пилат умыл руки от вины. Богоубийство, использовал в 4 веке Петр Христолог в своей проповеди. Хотя это и не является частью римско-католической догмы, многие христиане, включая членов духовенства, когда-то считали евреев коллективно ответственными за смерть Иисуса. Согласно этой интерпретации, как евреи, присутствовавшие при смерти Иисуса, так и еврейский народ в целом и навсегда совершили грех богоубийства, или убийства Бога".

Поколения христиан читали в Евангелии от Иоанна о коллективной вине евреев, во всех поколениях, в смерти Христа. С разрушением Храма в 70 г. н. э. еврейское священство, а следовательно, и класс саддукеев были вырезаны и, таким образом, прекратили свое существование из-за своей роли в Первой иудейско-римской войне.

Апостол Павел (урожденный Шауль из Тарса).

Павел пишет Фессалоникийцам следующее:

"Ибо вы, братия, сделались подражателями церквам Божиим во Христе Иисусе, находящимся в Иудее, потому что и вы тоже претерпели от своих соплеменников, что и те от Иудеев, которые убили и Господа Иисуса и пророков, и нас изгнали; они не угождают Богу и всем противятся, препятствуя нам говорить с язычниками, чтобы им спастись. Так они постоянно наполняли меру своих грехов; но гнев Божий наконец постиг их."

"Книга Откровения

В Откровении 2:9 и 3:9 Иисус упоминает «синагогу сатаны»

Знаю твою скорбь и нищету (впрочем ты богат), и злословие от тех, которые говорят о себе, что они Иудеи, а они не таковы, но сборище сатанинское.

Вот, Я сделаю, что из сатанинского сборища, из тех, которые говорят о себе, что они Иудеи, но не суть таковы, а лгут, — вот, Я сделаю то, что они придут и поклонятся пред ногами твоими, и познают, что Я возлюбил тебя."

«Иисус говорит группе фарисеев: «Знаю, что вы семя Авраамово; однако ищете убить Меня, потому что слово Мое не вмещается в вас... Ваш отец диавол; и вы хотите исполнять похоти отца вашего. Он был человекоубийца от начала и не имеет ничего общего с истине, ибо нет в нем истины».

Христианский антисемитизм в древности и Средние века был религиозным и распространился на современность. Политический, социальный и экономический антисемитизм в эпоху Просвещения и в Европе заложил основу для расового антисемитизма. Расовый антисемитизм в XIX веке достиг кульминации в Гитлеровской Германии. Современный антисемитизм, пережил века и расцвёл в новой интерпретации.

Христианский мир исторически считал евреев чужаками. Наступление научных и промышленных революций в Европе 19-го века породило новое проявление антисемитизма, основанного как на расе, так и на религии, достигнувший кульминации в Холокосте, произошедшем во время Второй мировой войны. Образование государства Израиль в 1948 году вызвало новую волну антисемитской ненависти.

ИСЛАМ

Возникший в 7 веке ислам и его лидеры поначалу относились к евреям лояльно. Но со временем это отношение менялось. В Аль Андалус (арабская Испания) и Северной Африке множество евреев были насильно обращены в ислам.

Ислам — одна из крупнейших мировых религий, которая зародилась в начале VII века на Аравийском полуострове. За сравнительно короткий период своей ранней истории ислам, не только объединил разрозненные арабские племена, но и оказал влияние на формирование культур, политических систем и научных достижений в разных регионах мира. Ислам смог стать фундаментом для многих цивилизаций. На момент появления Ислама Аравийский полуостров представлял собой сложное культурное и социальное пространство. Регион занимал стратегическое положение между великими империями того времени — Византией и Ираном. Торговые пути, проходившие через Аравию, делали её важным узлом для экономических связей.

Арабское общество делилось на племена, которые играли центральную роль в жизни региона. Принадлежность к определенному роду и племени, создавало устойчивую социальную систему. Власть строилась на лояльности к вождям, а межплеменные конфликты были обычным явлением.

На территории Аравии существовало множество верований. Язычество, доминирующее в регионе, сосредоточивалась вокруг поклонения идолам и природным явлениям. Священные места, такие как Кааба в Мекке, привлекали паломников со всей Аравии. Кроме того, в крупных торговых центрах существовали общины иудеев и христиан, что способствовало распространению идей единобожия.

Возникновение Ислама связано с личностью пророка Мухаммада. Родившийся около 570 года в Мекке, он был сиротой, выросшим в бедной, но уважаемой семье племени курейшитов. До начала своей религиозной миссии он занимался торговлей.

В возрасте 40 лет, Мухаммад получил первое откровение. Оно стало началом его миссии как пророка. Основная идея Ислама — единобожие, противоборствовала многобожию, существовавшему в Мекке. Мухаммад призывал к справедливости, защите бедных и отказу от племенной вражды.

Его учение встретило сильное сопротивление со стороны элиты, которая видела в Исламе угрозу своему политическому и экономическому влиянию. Первые мусульмане подвергались преследованиям, что вынудило многих из них искать убежище в Эфиопии. Сам Мухаммад в 622 году переселился в Медину, что стало началом исламского летоисчисления.

В Медине Мухаммад не только проповедовал, но и выступал в роли политического лидера и судьи. Он смог объединить местные племена, заключив так называемый Мединский договор, который стал первым шагом к созданию исламского государства. Ислам начал формироваться не только как религия, но и как система общественного устройства.

Войны между религиозными лидерами в Мекке и мусульманами стали неизбежными. Первоначально мусульмане терпели поражения, но их вера и сплочённость привели к победам, в том числе в битве при Бадре. В 630 году Мухаммад вернулся в Мекку с триумфом, сделав её центром Ислама.

К концу жизни Мухаммада в 632 году Ислам распространился на большей части Аравийского полуострова. Племена, ранее враждовавшие друг с другом, объединились под знаменем единобожия. После смерти пророка Ислам не только сохранился, но и начал стремительно распространяться за пределы Аравии.

Это стало возможно благодаря сочетанию религиозной энергии, военной и политической активности.

Халифы, сменившие Мухаммада, руководили экспансией Ислама. Уже в течение первых десятилетий Ислам распространился на территории Сирии, Египта, Персии и Северной Африки. Эти завоевания не только увеличили влияние новой религии, но и способствовали созданию крупного межкультурного пространства. Ислам объединил миллионы людей под общими духовными и моральными ценностями. Его принципы, изложенные в Коране и хадисах, сформировали основы для правовых и этических систем в странах, где он утвердился. Влияние Ислама ощущается и сегодня, как в религиозной, так и в светской жизни многих обществ.

Ислам объединил различные народы, но при этом сохранил суннизм и шиизм — два главных направления — развивавшиеся параллельно, отражая богатство и сложность исламской традиции. Сегодня Ислам остаётся одной из ведущих религий мира, насчитывая более двух миллиардов последователей. Его учения продолжают оказывать влияние на политику, культуру и общественную жизнь.

История возникновения Ислама — это не просто история религии. Это история трансформации общества, объединения людей и формирования цивилизации, которая внесла свой вклад в развитие человечества. Осмысление этих процессов помогает не только понять прошлое, но и найти ответы на вызовы современного мира.

ИСЛАМ, ИУДАИЗМ И ЕВРЕИ

Ислам, как одна из авраамических религий, имеет глубокую связь с иудаизмом. Эти две традиции разделяют схожие принципы монотеизма, исторических пророков и моральных ценностей. Однако отношения между Исламом и Иудаизмом в разные эпохи были неоднозначными, варьируясь от сотрудничества и взаимного уважения до конфликтов и напряжённости. Чтобы понять природу этих отношений, необходимо изучить религиозные тексты, исторический контекст и взаимодействия на протяжении веков.

Ислам признаёт иудаизм как часть авраамической традиции. В Коране (главной священной книге Ислама) упоминаются многие фигуры и события, связанные с еврейской традицией.

Пророк Моисей (Муса) — одна из ключевых фигур в Исламе, которому был дан Закон (Тора).

Авраам (Ибрахим) — праотец как мусульман, так и евреев, упоминается как символ монотеизма.

Давид (Дауд) и Соломон (Сулейман) также почитаются в Исламе как пророки.

Коран подчёркивает, что иудаизм, как и христианство, является религией, основанной на божественном откровении. Евреи, как и христиане, относятся к категории «людей Писания» (ахль аль-китаб), что предоставляет им особый статус.

Вместе с признанием общих корней, Коран критикует определённые аспекты поведения некоторых еврейских общин. Например, упоминаются случаи, когда они якобы не следовали законам Бога, искажали Писание или нарушали заветы. Однако эта критика имеет конкретный исторический и локальный контекст, связанный с отношениями пророка Мухаммада с еврейскими племенами Медины.

В исламской юриспруденции евреи, как и христиане, имеют особый статус. Они могли сохранять свою веру, вести богослужения и жить по своим законам в рамках мусульманского государства. Взамен они платили налог (джизья), что освобождало их от военной службы.

На ранних этапах становления Ислама отношения между мусульманами и евреями играли важную роль. Когда пророк Мухаммад переселился в Медину, там проживало несколько крупных еврейских племён. Первоначально между ними существовал договор, согласно которому обе стороны обязались поддерживать мир и защищать город.

Однако со временем отношения ухудшились. Причины включали политическое соперничество, религиозные разногласия и подозрения в нарушении договорённостей со стороны некоторых еврейских племён. Это привело к конфликтам и изгнанию нескольких еврейских групп из Медины.

После первых конфликтов, отношения между мусульманами и евреями улучшились. Евреи, как «люди Писания», часто жили в мусульманских государствах в качестве защищённого меньшинства. В эпоху Омейядов и Аббасидов еврейские общины процветали, особенно в городах, таких как Багдад, Кордова и Каир. Многие евреи занимались наукой, медициной, торговлей и переводами, сотрудничая с мусульманскими учёными.

Одним из ярких примеров плодотворного сосуществования стало мусульманское правление в Андалусии (Испания). Еврейские учёные, поэты и философы, такие как Маймонид (Моисей бен Маймон), играли значительную роль в культурной и научной жизни региона. Этот период часто называют «золотым веком» еврейской культуры.

Во времена Аббасидского халифата в Багдаде и других крупных мусульманских центрах евреи активно участвовали в переводе и сохранении античных текстов. Еврейские философы, такие как Саадия Гаон, черпали вдохновение в трудах мусульманских мыслителей, включая аль-Фараби и Ибн Сину (Авиценну).

Шариат и еврейское галахическое право имеют множество параллелей. Обе системы основаны на религиозных предписаниях и охватывают все аспекты жизни — от семейных отношений до торговли. Это сходство способствовало взаимопониманию между мусульманскими и еврейскими правоведами.

Хотя в ранние века Ислама отношения между мусульманами и евреями были преимущественно мирными, крестовые походы и рост европейского влияния в мусульманских странах изменили ситуацию. Евреи оказались в сложном положении, так как часто становились объектами недоверия со стороны мусульманских властей.

XX и XXI века ознаменовались ростом напряжённости между мусульманами и евреями, во многом из-за арабо-израильского конфликта. Политические и национальные вопросы затмили исторически сложившиеся религиозные и культурные связи. Тем не менее, на уровне диалога и сотрудничества остаются примеры совместных усилий мусульман и евреев в борьбе за справедливость.

Ислам и иудаизм имеют сложную историю отношений, в которой переплетаются периоды взаимного уважения и напряжённости. Несмотря на политические вызовы, корни этих двух религий свидетельствуют о глубоком родстве их духовных ценностей и учений. Осознание этого родства может служить основой для диалога и сотрудничества в современном мире.

Образование еврейского государства в 1948 году по решению ООН о создании двух государств в подмандатной Палестине, резко изменило отношение стран ислама к евреям.

«Коран, мусульманская священная книга, содержит некоторые стихи, которые можно интерпретировать как выражение крайне негативных взглядов на некоторых евреев. После того, как исламский пророк Мухаммед переехал в Медину в 622 году н. э., он заключил мирные договоры с еврейскими племенами Аравии и другими племенами. Однако отношения между последователями новой религии и евреями Медины позже стали ожесточёнными. В этот момент Коран предписывает Мухаммеду изменить направление молитвы с Иерусалима на Мекку, и с этого момента тон стихов Корана становится все более враждебным по отношению к евреям.

В 627 году н. э. еврейское племя Бану Курайза из Медины разорвало свой договор с Мухаммедом, вступив в союз с атакующими племенами. Впоследствии племя было обвинено в измене и осаждено мусульманами под командованием самого Мухаммеда. Бану Курайза были вынуждены сдаться, все мужчины были обезглавлены, в то время как все женщины и дети были взяты в плен и обращены в рабство. Некоторые ученые оспаривают правдивость этого инцидента, утверждая, что он был преувеличен или выдуман. Позже возникло несколько конфликтов между евреями Аравии и Мухаммедом и его последователями, наиболее заметным из которых был конфликт в Хайбаре, в котором многие евреи были убиты, а их имущество конфисковано и распределено среди мусульман

Начиная с IX века средневековый исламский мир навязал статус зимми христианским и еврейским меньшинствам. Тем не менее, евреям было предоставлено больше свободы для исповедания своей религии в мусульманском мире, чем в христианской Европе. Еврейские общины в Испании процветали под толерантным мусульманским правлением во время испанского Золотого века, и Кордова стала центром еврейской культуры.

С приходом Альморавидов из Северной Африки в XI веке были приняты жесткие меры как против христиан, так и против евреев. В Кордове в 1011 году и в Гранаде в 1066 году произошли погромы против евреев. Альмохады, которые к 1147 году взяли под контроль территории Магриби и Андалусии Альморавидов, придерживались менее толерантного взгляда и обращались с зимми жестко. Столкнувшись с выбором между смертью и обращением, многие евреи и христиане выбрали третий вариант, если могли, и бежали.

Некоторые, как семья Маймонидов, отправились на восток в более терпимые мусульманские земли, в то время как другие отправились на север, чтобы поселиться в растущих христианских королевствах. В Средние века в Египте, Сирии, Ираке и Йемене были приняты указы, предписывающие разрушение синагог. Евреев заставляли принимать ислам или им грозила смерть в некоторых частях Йемена, Марокко и Багдада. 6000 евреев были убиты мусульманской толпой во время резни в Фесе в 1033 году. Были и другие резни в Фесе в 1276 и 1465 годах, в Марракеше в 1146 и 1232 годах.

АНТИСЕМИТИЗМ В ИСЛАМЕ

Хотя исламский антисемитизм усилился после арабо-израильского конфликта, в странах Ближнего Востока происходили беспорядки против евреев до основания Израиля, включая беспорядки в Касабланке, Ширазе и Фесе в 1910-х годах, резню в Иерусалиме, Яффо и по всей Палестине в 1920-х годах, погромы в Алжире, Турции и Палестине в 1930-х годах, а также нападения на евреев Ирака и Туниса в 1940-х годах.

Когда лидер палестинских арабов Амин аль-Хусейни решил заключить союз с гитлеровской Германией во время Второй мировой войны, 180 евреев были убиты и 700 евреев получили ранения в ходе нацистских беспорядков 1941 года, известных как Фархуд.

Евреи на Ближнем Востоке также пострадали от Холокоста. Большая часть Северной Африки оказалась под контролем нацистов, и многие евреи подверглись дискриминации и использовались в качестве рабов до поражения Оси. В 1945 году сотни евреев получили ранения во время жестоких демонстраций в Египте, а еврейская собственность была осквернена и разграблена. В ноябре 1945 года 130 евреев были убиты во время погрома в Триполи. В декабре 1947 года, вскоре после Плана раздела ООН, арабские беспорядки привели к сотням жертв среди евреев в Алеппо, включая 75 погибших. В Адене 87 евреев были убиты и 120 ранены. Толпа мусульманских моряков разграбила еврейские дома и магазины в Манаме.

В 1948 году произошли новые беспорядки против евреев в Триполи, Каире, Уджде и Джераде. Когда первая арабо-израильская война подошла к концу в 1949 году, гранатометная атака на синагогу Менарша в Дамаске унесла жизни дюжины человек и тридцать получили ранения.

Шестидневная война 1967 года привела к дальнейшим преследованиям евреев в арабском мире, что привело к увеличению исхода евреев, который начался после создания Израиля. В последующие годы еврейское население в арабских странах сократилось с 856 000 в 1948 году до 25 870 в 2009 году в результате эмиграции, в основном в Израиль.

ЕВРЕИ В СРЕДНИЕ ВЕКА

Архиепископ Кентерберийский Стивен Лэнгтон приказывает английским евреям носить белую повязку в два пальца шириной и четыре пальца в длину. В 1227 году Синод святой церкви постановляет: *«Чтобы евреев можно было отличить от других, мы постановляем и решительно приказываем, чтобы в центре груди (их одежды) они носили овальный значок, размером в один палец шириной и половину ладони в высоту."*

Евреи по всей оккупированной нацистами Европе были вынуждены носить значок в виде жёлтой звезды в качестве средства идентификации. Это была не новая идея; со времён средневековья многие другие общества заставляли своих еврейских граждан носить значки, чтобы идентифицировать их.

Отличительные знаки для евреев существовали во многих христианских странах и являлись политикой антисемитизма, начиная с первых веков христианства во власти. Нацисты в Германии возродили практику сегрегации евреев, но уже на основе расовых критериев. Евреи были обязаны носить жёлтые звезды, нашитые на одежду спереди и сзади, под страхом сурового наказания, при отсутствии *"знака позора"*.

Несмотря на прямой запрет апостола Павла (фарисей Шауль стал апостолом Павлом, будучи христианином) многие Православные Святые отрицательно относились к иудеям. Святитель Иоанн Златоуст называет синагоги «жилище демонов, где не поклоняются Богу, там место идоло-служения и приравнивает иудеев *"к свиньям и козлам,"* осуждает всех иудеев, что они *"...по своей похотливости и чрезмерной жадности нисколько не лучше свиней и козлов..."*.

"...не следует обмениваться с ними приветствиями и делиться простыми словами, а должно отвращаться от них, как всеобщей заразы и язвы для всей вселенной. Иудеям не будет прощения "за то, что убили Христа и подняли руки на Владыку — вот за что нет вам прощения, нет извинения...".

Враждебность к иудаизму продолжалась в средневековье. В Европе происходили преследования евреев с кровавыми наветами, изгнаниями, принудительными обращениями и убийствами. В XII веке были христиане, которые верили, что евреи обладают магическими силами и получили эти силы, заключив договор с дьяволом. Католическое вестготское королевство в Испании издало ряд антиеврейских указов уже в VII веке. Преследование евреев в Европе достигло апогея во время крестовых походов. Антиеврейская риторика, существовала всегда, а во время Первого (немецкого) крестового похода, в 1096 году, были уничтожены процветающие еврейские общины на Рейне и Дунае. Во время Второго крестового похода в 1147 году евреи во Франции стали жертвами частых убийств и зверств.

После коронации Ричарда Львиное Сердце в 1189 году евреи подверглись нападениям в Лондоне. Когда король Ричард отправился в Третий крестовый поход в 1190 году, в Йорке и по всей Англии вновь вспыхнули еврейские погромы. В Германии после Первого крестового похода 100 000 евреев были убиты рыцарями ордена Ринтфляйша в 1298 году. Евреи подвергались нападениям во время Крестовых походов пастухов 1251 и 1320 годов. В 1330-х годах евреи подверглись нападениям, начиная с 1336 года во Франконии, в 1338–1339 годах в Эльзасе. Более ста еврейских общин было уничтожено. Евреи в Англии подверглись изгнаниям, в 1290 году. В 1396 году 100 000 евреев были изгнаны из Франции, а в 1421 году тысячи были изгнаны из Австрии. Многие из изгнанных бежали в Польшу.

В середине XIV века по Европе прокатилась чума *«Черная смерть»*, уничтожившая более половины населения. Евреи становились козлами отпущения. Распространились слухи, что это они вызвали эту эпидемию, намеренно отравив колодцы. Обвинение, которое ранее появилось в 1321 году в связи со страхом проказы. Сотни еврейских общин были уничтожены последовавшей ненавистью и насилием. Папа Климент VI пытался защитить евреев папской буллой от 6 июля 1348 года и еще одной буллой вскоре после этого, но несколько месяцев спустя 900 евреев были сожжены заживо в Страсбурге, где чума еще не затронула город. Евреи Праги подверглись нападению на Пасху 1389 года. Резня 1391 года ознаменовала закат Золотого века для испанского еврейства.

Христианские власти накладывали ограничения на еврейские занятия, вытеснив их на маргинальные роли, такие как сбор налогов, ренты и ростовщичество. Эти занятия допускались только как *«необходимое зло»*. В то время католическая доктрина учила, что ссужать деньги под проценты было греховным занятием, и христианам было запрещено этим заниматься. Поскольку это касалось займов неевреям, евреи сделали этот бизнес своим, несмотря на возможную критику ростовщичества в Торе и более поздних разделах еврейской Библии. Это привело к появлению множества негативных стереотипов о евреях как о наглых, жадных ростовщиках, а напряженность между кредиторами (обычно евреями) и должниками (обычно христианами) усугубила социальные, политические, религиозные и экономические напряжения. Крестьяне, которых заставляли платить налоги евреям, могли видеть, как они лично забирают их деньги, не подозревая о тех, на чьё имя эти евреи работали.

Евреи подвергались правовым ограничениям на протяжении всего Средневековья, некоторые из которых просуществовали до конца XIX века. Даже ростовщичество и торговля вразнос были временами для евреев запрещены.

Количество евреев, которым разрешалось проживать в разных местах, было ограничено; они были сосредоточены в гетто и не имели права владеть землёй. Они подвергались дискриминационным налогам при въезде в города или районы, отличные от их собственных, и были вынуждены приносить особые еврейские клятвы, а также они страдали от множества других мер. Четвёртый Лютеранский собор в 1215 году постановил, что евреи и мусульмане должны носить отличительную одежду.

Еврейский жёлтый значок был введён в некоторых местах; это мог быть цветной кусок ткани в форме круга, полосы или скрижали (закон в Англии), и он был нашит на одежду. В других местах были указаны особые цвета мантии. Реализация была в руках местных правителей, но к следующему столетию были приняты законы, охватывающие большую часть Европы. Во многих местах члены средневекового общества носили значки, чтобы отличать свой социальный статус. Некоторые значки (например, те, которые носили члены гильдии) были престижными, в то время как другие носили подвергнутые остракизму изгои, такие как прокажённые, исправленные еретики и проститутки. Как и в случае со всеми законами о роскоши, степень, в которой эти законы соблюдались и применялись, сильно различалась. Иногда евреи пытались обойти знаки отличия, давая взятки в виде временных «освобождений» королям, которые отменялись и возобновлялись всякий раз, когда королю требовалось собрать средства. Знаки отличия просуществовали до XVIII века.

В графстве Тулуза на юге Франции терпимость и благосклонность, проявленные к евреям, были одной из главных жалоб Римской церкви на графов Тулузы в начале XIII века. Организованное и официальное преследование евреев стало обычной чертой жизни на юге Франции только после Альбигойского крестового похода, потому что только тогда Церковь стала достаточно могущественной, чтобы настаивать на применении мер дискриминации. В 1209 году, раздетый до пояса и босой, Раймонд VI Тулузский был вынужден поклясться, что он больше не позволит евреям занимать государственные должности. В 1229 году его сын Раймонд VII прошёл аналогичную церемонию. В 1236 году крестоносцы напали на еврейские общины Анжу и Пуату, убив 3000 и крестив 500. Через два года после Парижского диспута 1240 года на улицах были сожжены двадцать четыре повозки, нагруженные рукописными талмудическими рукописями. Другие диспуты произошли в Испании, за которыми последовали обвинения против Талмуда.

ИЗГНАНИЯ ЕВРЕЕВ ИЗ ФРАНЦИИ И АНГЛИИ

Практика изгнания евреев, конфискации их имущества и дальнейшего выкупа за их возвращение использовалась для обогащения французской короны в 13-м и 14-м веках. Изгнание из Парижа Филиппом Августом в 1182 году, из всей Франции Людовиком IX в 1254 году, Филиппом IV в 1306 году, Карлом IV в 1322 году и Карлом VI в 1394 году.

Изгнание евреев из Англии имело место в Бери-Сент-Эдмундсе в 1190 году, Ньюкасле в 1234 году, Уикомбе в 1235 году, Саутгемптоне в 1236 году, Беркхэмстеде в 1242 году и Ньюбери в 1244 году. Симон де Монфор изгнал евреев Лестера в 1231 году. Во время Второй баронской войны в 1260-х годах последователи Симона де Монфора разорили евреев Лондона, Кентербери, Нортгемптона, Винчестера, Кембриджа, Вустера и Линкольна, пытаясь уничтожить записи об их долгах ростовщикам. Эдуард I Английский в 1276 году обложил налогом еврейских ростовщиков. Когда ростовщики больше не могли платить налог, их обвинили в нелояльности. Эдуард отменил их *привилегию* давать деньги в долг, ограничил их передвижения и деятельность и заставил евреев носить желтую повязку. Затем главы еврейских семей были арестованы, более 300 были доставлены в Тауэр и казнены.

Другие были убиты в своих домах. Все евреи были изгнаны из страны в 1290 году. Сотни были убиты или утоплены при попытке покинуть страну. Все деньги и имущество этих обездоленных евреев были конфискованы. После этого в Англии не было известно ни об одном еврее до 1655 года, когда Оливер Кромвель отменил эту политику.

ИЗГНАНИЕ ИЗ СВЯЩЕННОЙ РИМСКОЙ ИМПЕРИИ

Святая церковь о евреях

«Великий ущерб несут для христиан общение, разговоры и связи с евреями, относительно коих известно, что они всегда стараются всевозможными способами и средствами отвратить верующих христиан от святой католической веры и отдалить их от неё и привлечь и совратить их в свою нечестивую веру».

Желтый значок в виде еврейской шестиконечной звезды, (или желтые нашивки), также называемые еврейскими значками (нем. Judenstern, букв. «Еврейская звезда»), — это значки, которые евреям приказывали носить в разное время в средние века некоторыми халифатами, в разное время в течение Средневековье и раннее Новое время некоторыми европейскими державами и с 1939 по 1945 годы державами фашистской оси. Значки служили для обозначения того, кто их носит, как религиозного или этнического аутсайдера и часто служили знаком позора.

***

В Германии, как части Священной Римской империи, преследования и официальные изгнания евреев могли происходить с перерывами, хотя следует сказать, что это также имело место в отношении других меньшинств, будь то религиозных или этнических. Особые вспышки буйных преследований произошли во время резни в Рейнланде в 1096 году, сопровождавшей подготовку к Первому крестовому походу, многие из которых были связаны с крестоносцами, направлявшимися на Восток. Было много местных изгнаний из городов местными правителями и городскими советами. Император Священной Римской империи пытался сдержать преследования, но не мог оказать большого влияния. Еще в 1519 году имперский город Регенсбург изгнал своих 500 евреев. В этот период правители восточных окраин Европы, в Польше, Литве и Венгрии, часто были восприимчивы к еврейскому поселению, и многие евреи переехали в эти регионы.

Практика изгнания евреев, конфискации их имущества и дальнейшего выкупа за их возвращение использовалась для обогащения французской короны в XIII-м и XIV-м веках. Наиболее заметными из таких изгнаний были изгнание из Парижа Филиппом Августом в 1182 году, из всей Франции Людовиком IX в 1254 году, Филиппом IV в 1306 году, Карлом IV в 1322 году и Карлом VI в 1394 году.

Средние века

ИЗГНАНИЕ ЕВРЕЕВ ИЗ ИСПАНИИ

Христианские короли Испании, изгнавшие арабов из Испании (реконкиста), в XV веке поставили перед евреями условие: *«принятие христианской веры или изгнание»*.

В католических королевствах позднего средневековья и раннего Нового времени в Испании репрессивная политика и отношение к евреям заставили многих принять христианство. Таких евреев называли маррaнами. Подозрения, что они все еще могут тайно исповедовать иудаизм, привели Фердинанда II Арагонского и Изабеллу I Кастильскую к созданию испанской инквизиции. Инквизиция использовала пытки для получения признаний и выносила приговоры на публичных церемониях, известных как аутодафе, прежде чем они передавали свои жертвы светским властям для наказания. В соответствии с этим указом около 30 000 человек были приговорены к смерти и казнены путем сожжения заживо. В 1492 году Фердинанд II Арагонский и Изабелла I Кастильская издали указ об изгнании евреев из Испании, дав евреям четыре месяца на то, чтобы либо принять христианство, либо покинуть страну. Около 165 000 евреев эмигрировали, а около 50 000 обратились в христианство.

В том же году приказ об изгнании прибыл на Сицилию и Сардинию, принадлежавшие Испании. Португалия последовала примеру Испании в декабре 1496 года. Однако изгнанные могли покинуть страну только на кораблях, указанных королем. Когда те, кто решил покинуть страну, прибыли в порт в Лиссабоне, их встретили священнослужители и солдаты, которые применили силу, принуждение и обещания крестить их, и не допустить их выезда из страны. Этот эпизод практически положил конец присутствию евреев в Португалии. После этого все обращенные евреи и их потомки стали называться новыми христианами, и были уничижительно названы марранами. Им был предоставлен льготный период в тридцать лет, в течение которого не разрешалось проводить никаких расследований относительно их веры.

Этот период был позже продлен до 1534 года. Однако народный бунт в 1506 году привел к гибели до четырех или пяти тысяч евреев, а также к казни лидеров бунта королем Мануэлем. Те, кого называли новыми христианами, находились под надзором португальской инквизиции с 1536 по 1821 год. Еврейские беженцы из Испании и Португалии, известные как евреи-сефарды от еврейского слова Сфарад, обозначающего Испанию, бежали в Северную Африку, Турцию и Палестину в пределах Османской империи, а также в Голландию, Францию и Италию. В Османской империи евреи могли открыто исповедовать свою религию. Амстердам в Голландии также стал центром поселения преследуемых евреев из многих стран в последующие столетия. В Папских государствах евреи были вынуждены жить в гетто и подвергались ряду ограничений.

АНТИИУДАИЗМ И РЕФОРМАЦИЯ

Мартин Лютер, лютеранский монах-августинец, отлученный папством за ересь и церковный реформатор, чьи учения вдохновили Реформацию, в своей брошюре «О евреях и их лжи», написанной в 1543 году, писал о евреях крайне враждебно. Он изображает евреев в резких выражениях, критикует их и дает подробные рекомендации по погрому против них, призывая к их постоянному притеснению и изгнанию. В какой-то момент он пишет: «...мы виноваты в том, что не убили их...» отрывок, который *«можно назвать первым произведением современного антисемитизма и гигантским шагом вперед на пути к Холокосту»*.

Жесткие комментарии Лютера о евреях многими рассматриваются как продолжение средневекового христианского антисемитизма. Евреи утверждают, что *«антисемитизм раннего Нового времени был даже хуже, чем в Средние века; и нигде это не было столь очевидно, как в тех областях, которые примерно охватывают современную Германию, особенно среди лютеран»*. Однако в своей последней проповеди незадолго до смерти Лютер проповедовал: *«Мы хотим относиться к ним с христианской любовью и молиться за них, чтобы они могли обратиться и принять Господа»*.

КАНОНИЗАЦИЯ СИМОНА ТРЕНТСКОГО

Симон Трентский был мальчиком из города Тренто, Италия, который был найден мертвым в возрасте двух лет в 1475 году, предположительно, похищенным, изуродованным и обескровленным. В его исчезновении обвинили лидеров еврейской общины города, основываясь на признаниях, полученных под пытками, в деле, которое подпитывало безудержный антисемитизм того времени. Симон считался святым и был канонизирован папой Сикстом V в 1588 году.

XVII век

ЕВРЕЙСКОЕ ГЕТТО В АВГУСТЕ 1614 ГОДА

Во время восстания 1614 года толпы под предводительством Винценца Феттмильха разграбили еврейское гетто Франкфурта, изгнав евреев из города. Два года спустя император Маттиас казнил Феттмильха и заставил евреев вернуться в город под защитой императорских солдат.

В середине XVII века Петер Стайвесант, последний голландский генеральный директор колонии Новый Амстердам, позже Нью-Йорк-Сити, стремился укрепить положение Голландской реформатской церкви, пытаясь остановить религиозное влияние евреев, лютеран, католиков и квакеров. Он заявил, что евреи были *«лживыми», «очень отвратительными»* и *«ненавистными врагами и богохульниками святого имени Христа»*. Однако религиозный плюрализм уже был культурной традицией и юридическим обязательством в Новом Амстердаме и Нидерландах, и его начальники в Голландской Вест-Индской компании в Амстердаме отвергли его.

В середине-конце XVII века Речь Посполитая была опустошённа несколькими военными конфликтами, в которых Речь Посполитая потеряла более трети своего населения (более 3 миллионов человек). Уменьшение еврейского населения в этот период оценивается в 100 000–200 000 человек, включая эмиграцию, смерть от болезней и плена в Османской империи. Эти конфликты начались в 1648 году, когда Богдан Хмельницкий спровоцировал восстание против польской аристократии и евреев, которые управляли их поместьями. Казаки Хмельницкого вырезали десятки тысяч евреев в восточных и южных районах, которые он контролировал (ныне Украина). Это преследование заставило многих евреев возлагать свои надежды на человека по имени Шабтай Цви (каббалист и псевдомессия, основатель движения саббатианства. Исраель бен Эли'зэер Ба'ал-Шем-Тов, высоко оценил книгу его последователей *«Сефер ха-Цореф»,* которая оказала заметное влияние на становление идеологии позднего хасидизма.) Шабтай Цви появился в Османской империи в это время и провозгласил себя Мессией в 1665 году. Однако его последующее обращение в ислам разрушило эти надежды.

В зайдитском имамате Йемена евреи также подвергались дискриминации в 17 веке, что привело к всеобщему изгнанию всех евреев из некоторых мест. В Йемене на засушливую прибрежную равнину Тихама, и это стало известно как Изгнание Мавза.

XVIII век

Во многих европейских странах XVIII век *«Эпоха Просвещения»* ознаменовалась демонтажем архаичных корпоративных, иерархических форм общества в пользу индивидуального равенства граждан перед законом. То, как это новое положение дел повлияет на ранее автономные, хотя и подчиненные еврейские общины, стало известно как еврейский вопрос.

Во многих странах расширенные гражданские права постепенно распространялись на евреев, хотя часто только в частичной форме и при условии, что евреи откажутся от многих аспектов своей прежней идентичности в пользу интеграции и ассимиляции с доминирующим обществом.

«Нет никаких сомнений в том, что Вольтер, особенно в последние годы своей жизни, питал яростную ненависть к евреям, и столь же несомненно, что его враждебность... оказала значительное влияние на общественное мнение во Франции»

Тридцать из 118 статей Вольтера касались евреев и описывали их последовательно негативно.

В 1744 году Фридрих II Прусский ограничил число евреев, которым было разрешено жить в Бреслау, всего десятью так называемыми*«защищенными»* еврейскими семьями и поощрял подобную практику в других прусских городах. В 1750 году он издал указ, заставляющий евреев *«либо воздержаться от брака, либо покинуть Берлин».* В том же году эрцгерцогиня Австрии Мария Терезия приказала евреям покинуть Богемию, но вскоре изменила свою позицию, при условии, что они будут платить за свой повторный допуск каждые десять лет. Это было известно среди евреев как *(деньги королевы)*. В 1752 году она ввела закон, ограничивающий каждую еврейскую семью одним сыном. В 1782 году Иосиф II отменил большинство этих практик в своем указе, при условии, что идиш и иврит будут исключены из государственных записей, а судебная автономия будет аннулирована. В 1768 году тысячи евреев были убиты казаками-гайдамаками во время резни в Умани в Королевстве Польском.

Евреи в Швейцарии были сильно ограничены в своей свободе работы, передвижения и поселения. В 1774 году евреи были ограничены всего двумя городами, Эндингеном и Ленгнау. В то время как сельский высший класс непрестанно настаивал на их изгнании, финансовые интересы властей предотвратили это. Они ввели специальные налоги на торговлю вразнос и скотом, основные еврейские профессии. Евреи напрямую подчинялись губернатору; с 1696 года они были вынуждены возобновлять *(дорогостоящую)* охранную грамоту каждые 16 лет.

В этот период евреям и христианам не разрешалось жить под одной крышей, а также евреям не разрешалось владеть землей или домами. Их облагали налогом по гораздо более высокой ставке, чем других, и в 1712 году в Ленгнау произошел погром, приведший к значительному уничтожению имущества. В 1760 году их еще больше ограничили в вопросах браков и деторождения. Непомерный налог взимался с брачных свидетельств; часто в них прямо отказывали. Так продолжалось до XIX века.

В соответствии с антиеврейскими предписаниями Русской православной церкви, дискриминационная политика России по отношению к евреям усилилась, когда раздел Польши в XVIII веке привел, впервые в истории России, к владению землей с большим еврейским населением. Эта земля была обозначена как черта оседлости, из которой евреям было запрещено переселяться во внутренние районы России. В 1772 году российская императрица Екатерина II заставила евреев черты оседлости оставаться в своих местечках и запретила им возвращаться в города, которые они занимали до раздела Польши.

XIX век

Христианский мир исторически считал евреев чужаками. Наступление научных и промышленных революций в Европе 19-го века породило новое проявление антисемитизма, основанного как на расе, так и на религии. Образование государства Израиль в 1948 году вызвало новую волну антисемитской ненависти.

Хронология антисемитизма описывает акты враждебных действий или дискриминацию в отношении евреев как религиозной или этнической группы в 19 веке. Она включает в себя события в истории антисемитской мысли, действия, предпринятые для борьбы с антисемитизмом или его устранения, и события, которые повлияли на распространенность антисемитизма в последующие годы. Историю антисемитизма можно проследить с древних времен до наших дней.

Некоторые авторы предпочитают использовать термины антииудаизм или религиозный антисемитизм для религиозных настроений против иудаизма до подъема расового антисемитизма в 19 веке.

О событиях, конкретно относящихся к изгнанию евреев:

1805 год, 29 июня

Убито от двухсот до пятисот алжирских евреев.

1810-е годы

Антиеврейские беспорядки в Копенгагене, Дания, в сентябре 1819 года.

1811 год

Глава еврейской общины Алжира Давид бен Йозеф Коэн Бакри обезглавлен Деем Хаджем Али.

1815 год

Восемь евреев сожжены на костре в Алжире.

1815 год

Папа Пий VII восстанавливает гетто в Риме после поражения Наполеона.

1818 год

Турки из Алжира нападают на Константину, убивают и грабят еврейские дома и похищают 17 молодых еврейских девушек, которых они приводят к своему командиру.

1819 год

Серия антиеврейских беспорядков в Германии, которые распространились на несколько соседних стран: Данию, Латвию и Богемию, известные как беспорядки «Хеп-Хеп» — от уничижительного призыва к сплочению против евреев в Германии.

1827 год

Обязательная военная служба для евреев России: еврейские мальчики до 18 лет, известные как кантонисты, были помещены в подготовительные военные учебные заведения на 25 лет. На практике еврейских детей часто насильно призывали в возрасте восьми или девяти лет. Кантонистов поощряли, а иногда и заставляли креститься.

1829 год

Закон в Канаде, требующий присяги «на моей вере как христианина», был изменен в 1829 году, чтобы евреи не могли принимать присягу.

1830 год

Персидское еврейское население Тебриза, Иран, подвергается нападению толпы, в результате чего большая часть еврейской общины либо убита, либо бежит.

1830 год

Евреи Шираза вынуждены принять ислам.

1831 год

Выдающийся франко-канадский политик Луи-Жозеф Папино спонсировал закон, который предоставил евреям в Нижней Канаде полные эквивалентные политические права, на двадцать семь лет раньше, чем где-либо еще в Британской империи.

1832 год

Отчасти благодаря работе Иезекииля Харта был принят закон, который гарантировал евреям те же политические права и свободы, что и христианам в Канаде.

1833 год

Клеменс Брентано опубликовал «Скорбные страдания Господа нашего Иисуса Христа согласно размышлениям Анны Кэтрин Эммерих». Утверждается, что «Скорбные страдания» раскрывают «явный антисемитский настрой», а Брентано писал, что Эммерих считал, что «евреи... душили христианских детей и использовали их кровь для всякого рода подозрительных и дьявольских практик».

1834 год

Разграбление Цфата в 1834 году было месячным нападением на еврейское население Цфата со стороны местных арабских и друзских жителей деревни. Он был полон масштабных грабежей, а также убийств и изнасилований евреев и разрушения многих домов и синагог. До нападений евреи составляли более 50%

населения, но многие из них бежали в близлежащие города, что резко сократило их присутствие.

1834 год

Еврейская героиня и мученица Сол Хачуэль публично обезглавлена в 17 лет в Фесе, Марокко. Она казнена за отказ принять ислам.

1835 год

Репрессивная конституция для евреев, изданная царем Николаем I в России.

1838 год

Нападение друзов на Цфат в 1838 году было разграблением еврейской общины Цфата местными друзами во время восстания друзов.

1839 год

Более сорока персидских евреев убиты, и вся еврейская община Мешхеда вынуждена принять ислам в Аллахдаде. Многие из них тайно исповедовали иудаизм, что привело к появлению евреев-машхади, которых сегодня насчитывается тысячи.

1840 год

Дело в Дамаске: ложные обвинения в кровавом навете приводят к арестам и зверствам, кульминацией которых стал захват 63 еврейских детей и нападения на еврейские общины по всему Ближнему Востоку.

1844 год

Карл Маркс публикует свою работу «О еврейском вопросе»: «В чем заключается мирской культ еврея? Торгуемость. Какой у него мирской бог? Деньги... Деньги — ревнивый Бог Израиля, кроме которого не может существовать никакой другой бог... Бог евреев секуляризировался и стал богом этого мира», «В конечном счете, эмансипация евреев — это эмансипация человечества от иудаизма».

1844 год

Мусульмане обвиняют евреев в убийстве христианина за его кровь в Каире

1847 год

Марониты в ливанской деревне Дейр-эль-Камар подняли кровавый навет, утверждая, что евреи убивают христиан за их кровь.

1850 год

Das Judenthum in der Musik (нем. «Еврейство в музыке», но обычно переводится как «Иудаизм в музыке»; после первых публикаций пишется, согласно современной немецкой орфографической практике, как «Judentum») — эссе Рихарда Вагнера, в котором он критикует евреев.

1853 год

Кровавые наветы в Саратове и по всей России.

1858 год

Эдгардо Мортара, шестилетний еврейский мальчик, которого горничная крестила во время болезни, был взят у родителей в Болонье, эпизод, который вызвал всеобщее возмущение в либеральных кругах.

1860 год

Евреи Хамадана обвиняются в издевательстве над церемониями Тазие для имама Хусейна, несколько из них оштрафованы, а некоторым в качестве наказания отрезают уши и носы.

1862 год

Во время Гражданской войны в США генерал Грант издает Генеральный приказ № 11, предписывающий всем евреям покинуть его военный округ, подозревая их в симпатиях к Конфедерации. Президент Линкольн приказывает ему отменить приказ. Польским евреям предоставлены равные права. Старые привилегии, запрещающие евреям селиться в некоторых польских городах, отменены.

1863 год

Еврея в Хамадане линчует мусульманская толпа, и многие другие получают серьезные ранения после того, как его обвинили в оскорблении Мухаммеда.

1864 год

По меньшей мере 500 марокканских евреев убиты в Марракеше и Фесе.

1866 год

Евреи Барфоруша насильно обращаются в ислам. Когда им разрешают вернуться в иудаизм благодаря французским и британским послам, мусульманская толпа убивает 18 евреев, сжигая двух из них заживо.

1868 год

Сэмюэль Бирфилд (ум. 15 августа 1868 г.) считается первым евреем, которого линчевали в Соединенных Штатах. Бирфилд и его афроамериканский клерк задержаны в магазине Бирфилда во Франклине, штат Теннесси, и застрелены группой людей в масках, предположительно, членов Ку-клукс-клана, 15 августа 1868 года. Однако никто не был осужден за это преступление.

1869 год

18 тунисских евреев убиты в погроме, а арабская толпа грабит еврейские дома и магазины, сжигает синагоги на острове Джерба.

1870 год

35 000 евреев, проживающих в Алжире, получают французское гражданство в результате Декрета Кремье. Это приводит к росту антисемитизма в Алжире и на всем Ближнем Востоке.

1871 год

Речь Папы Пия IX относительно евреев: «этих собак сейчас слишком много в Риме, и мы слышим, как они воют на улицах, и они беспокоят нас во всех местах».

1873 год

Южный баптистский съезд принял «Резолюцию об антисемитизме», в которой говорилось: «РЕШЕНО, что мы с благодарностью вспоминаем сегодня нашу невыразимую признательность семени Авраама и искренне признаем их особые требования к сочувствию и молитвам всех христиан-язычников, и настоящим мы заявляем о нашем искреннем желании принять участие в славном деле приближения дня, когда надпись на Кресте станет исповедью всего Израиля «Иисус из Назарета, Царь Иудейский»».

1875 год

Двадцать евреев убиты мусульманской толпой в Демнате, Марокко.

1878 год

Адольф Штёкер, немецкий антисемитский проповедник и политик, основывает Христианско-социальную партию, которая знаменует начало политического антисемитского движения в Германии.

1879 год

Девять евреев в Кутаиси обвиняются в ритуальном убийстве, и в конечном итоге предстают перед судом и признаются невиновными.

1879 год

Генрих фон Трейчке, немецкий историк и политик, оправдывает антисемитские кампании в Германии, привнося антисемитизм в ученые круги.

1879 год

Вильгельм Марр вводит термин «антисемитизм», чтобы отличать себя от религиозного антииудаизма.

1877 год

Резня евреев в Лараше

1881 год

Погром евреев в Тлемсене, Алжир.

1881 год

Германский рейхстаг получает и отклоняет петицию с более чем 250 000 подписей, поддержанную личным капелланом кайзера Адольфом Штёккером, призывающую к исключению евреев из общественной жизни.

1881 год

Георг Риттер фон Шёнерер, пангерманский австрийский лидер и антисемит, именует себя «фюрером», и он и его последователи используют приветствие «Хайль!»

1881–1884 года

Погромы охватили юг России, вызвав массовую еврейскую эмиграцию из черты оседлости: около 2 миллионов русских евреев эмигрировали в период 1880–1924 годов, многие из них в Соединенные Штаты (до тех пор, пока Национальная квота происхождения 1924 года и Закон об иммиграции 1924 года в значительной степени не остановили иммиграцию в США из Восточной Европы и России). Русское слово «погром» стало международным.

1882 год

Еврейское население Алжира подвергается нападению мусульманской толпы.

1882 год

Тисаэсларский кровавый навет в Венгрии возбуждает общественное мнение по всей Европе.

ОТ РЕЛИГИОЗНОГО К РАСОВОМУ АНТИСЕМИТИЗМУ

В XIX веке происходит переход от религиозного к расовому антисемитизму. Появились псевдонаучные теории о "расовой иерархии". Этот переход в XIX веке связан с несколькими крупными историческими, культурными и интеллектуальными процессами, происходившими в Европе. В этот период усилилось влияние секуляризации, и многие традиционные религиозные предрассудки начали замещаться новыми формами дискриминации, основанными на псевдонаучных теориях.

В XVIII–XIX веках эпоха Просвещения и последующий распад религии ослабили влияние религиозных институтов. Многие традиционные формы христианского антисемитизма, основанные на обвинениях в *"богоубийстве"* или религиозной исключительности евреев, начали утрачивать силу. Антипатия к евреям не исчезла, а вместо этого адаптировалась к новым идеям и научным теориям, которые получили популярность в этот период.

В XIX веке распространились псевдонаучные идеи о *"расах"*, их "биологических" различиях и предполагаемой иерархии. Такие книги как *"Очерки о неравенстве человеческих рас"* Жозефа Артюра де Гобино (1853–1855), утверждали, что человеческие расы отличаются не только физическими характеристиками, но и интеллектуальными и моральными качествами. Эти идеи использовались для оправдания колониализма, рабства и дискриминации меньшинств, включая евреев.

Публикации "Происхождения видов" Чарльза Дарвина (1859) идеи естественного отбора начали интерпретироваться в социальном контексте. Социал-дарвинизм применял концепции борьбы за существование и *"выживания сильнейших"* к человеческим обществам.

Евреев стали рассматривать как *"чужую"* расу, якобы угрожающую выживанию *"сильных"* европейских народов.

В XIX веке идея национального государства на основе этнической или культурной идентичности приобрела значительную популярность. Евреи, часто воспринимаемые как *"инородцы"*, не вписывались в эту модель, несмотря на процессы эмансипации, происходившие в Западной Европе.

Мифы о *"еврейском заговоре"*, в которых евреев обвиняли в экономическом и политическом господстве. Капитализм, в том числе банковская система, ассоциировался с евреями, что усилило ненависть в условиях растущих социальных и экономических противоречий. Появились организованные антисемитские движения, использовавшие новые идеологии для дискриминации евреев.

В Германии Вильгельм Марр ввёл термин *"антисемитизм"* в 1879 году, публикуя труды, где утверждал, что евреи угрожают германской культуре и нации.

Публикации наподобие *"Протоколов сионских мудрецов"* (хотя они появились позже, в начале XX века) начали формировать псевдонаучный и *"расовый"* антисемитизм.

Увлечение антропологией, измерением черепов и *"научным"* изучением рас привело к популяризации идей о превосходстве *"арийской расы"*. Евреев классифицировали как *"семитов"*, якобы биологически чуждых европейцам.

Подобные теории приобрели статус *"научных"* фактов в глазах общественности, хотя никакой научной основы под ними не было.

Вследствие индустриализации и модернизации многие традиционные социальные структуры разрушились. Евреев, которые были вовлечены в торговлю, банковскую сферу или профессиональные ремёсла, начали обвинять в экономических кризисах и социальных проблемах.

Интеллектуальные тенденции XIX века, такие как расовые теории и социал-дарвинизм, предложили *"обоснование"* для дискриминации, заменив религиозные предрассудки новыми *"научными"*.

Социально-экономическая напряжённость и страхи в изменяющемся мире делали евреев удобными *"козлами отпущения"*.

Национализм усилил представление о евреях как об угрозе этническому единству и национальной идентичности. Переход к расовому антисемитизму стал результатом адаптации традиционных предрассудков к новым культурным, политическим и научным контекстам.

Христианский мир исторически считал евреев чужаками. Наступление научных и промышленных революций в Европе XIX века породило новое проявление антисемитизма, основанного как на расе, так и на религии, что достигло кульминации в Холокосте, произошедшем во время Второй мировой войны.

В XX веке антисемитизм достиг кульминации в систематической кампании геноцида, в ходе которой около шести миллионов евреев были уничтожены в оккупированной немцами Европе между 1941 и 1945 годами при национал-социалистическом режиме Адольфа Гитлера.

АНТИСЕМИТИЗМ В РОССИЙСКОЙ ИМПЕРИИ, В СОВЕТСКОМ СОЮЗЕ И РОССИИ

В России, до революции 1917 года, антисемитизм усилился ещё в первые годы 20 века и получил официальную поддержку, когда тайная полиция подделала печально известные «Протоколы сионских мудрецов», документ, якобы являющийся переложением плана еврейских старейшин для достижению мирового господства. Насилие против евреев во время кишиневского погрома 1903 года было продолжено после революции 1905 года, благодаря деятельности черносотенцев. Процесс Бейлиса 1913 года показал, что в России довольно просто можно возродить обвинение в кровавом навете.

Большевистская революция 1917 года положила конец официальной дискриминации евреев, но за ней, однако, последовало массовое антиеврейское насилие со стороны антибольшевистской Белой армии и сил Украинской Народной Республики в Гражданской войне в России. С 1918 по 1921 год во время белого террора было убито от 100 000 до 150 000 евреев. Белые эмигранты из революционной России поддерживали идею о том, что большевистский режим с его многочисленными еврейскими членами был прикрытием для всемирного еврейского заговора, изложенного в «Протоколах сионских мудрецов», которые к тому времени получили широкое распространение на Западе. Погромы совершали не только белые силы, но и красные бравые отряды, местные полевые командиры и простые украинские и польские граждане.

Пятая графа в паспорте граждан СССР требовала внесения национальности. Для любого чиновника власти это означало особое внимание к представителям еврейской национальности. Для евреев существовала процентная норма при поступлению в учебные заведения, на работу в престижные или секретные предприятия. А также при приеме в партийные или любые государственные организации. Еврейская национальность всегда вызывала отторжение и неприязнь у руководящих работников на всех уровнях власти. У простого населения слово, еврей всегда было бранным. Для более сильного выражения неприязни использовалось слово, *«жид»*. Эта крайняя степень оскорбительной клички для носителей еврейской национальности, использовалась с прибавлением сентенции, *«евреев люблю, а жидов ненавижу»*. Само слово *«жид»* означало, неимоверно жадный, отвратительный и т.п. Слово zyd, zydowsski, переводится с польского как *«еврей, еврейский»*, но в РСФСР - это стало оскорбительным сленгом для антисемитов.

АНТИСЕМИТИЗМ ВО ФРАНЦИИ

Во Франции антисемитскую агитацию пропагандировали правые группы, такие как Action Française, основанная Шарлем Моррасом. Эти группы критиковали весь политический истеблишмент Третьей республики. После дела Ставиского, в котором еврей по имени Серж Александр Ставиский был уличён в политической коррупции на высоком уровне, эти группы спровоцировали серьёзные беспорядки, которые едва не привели к свержению правительства во время кризиса 6 февраля 1934 года.

Рост известности еврейского социалиста Леона Блюма, который стал премьер-министром правительства Народного фронта в 1936 году, ещё больше поляризовал общественное мнение во Франции. Action Française и другие правые группы начали жестокую антисемитскую кампанию в прессе против Блюма, которая завершилась нападением, в ходе которого его вытащили из машины, пинали и избивали, в то время как толпа кричала *«Смерть евреям»*. Католические писатели, такие как Эрнест Жуэн, опубликовавший «Протоколы» на французском языке, органично смешивали расовый и религиозный антисемитизм, как в его заявлении о том, что «с тройной точки зрения расы, национальности и религии еврей стал врагом человечества». Папа Пий XI похвалил Жуэна за «борьбу с нашим смертельным (еврейским) врагом» и назначил его на высокую папскую должность в качестве апостольского протонотария.

Антисемитизм был особенно жесток в вишистской Франции во время Второй мировой войны. Правительство Виши открыто сотрудничало с нацистскими оккупантами, чтобы идентифицировать евреев для депортации. Антисемитские требования правых групп были реализованы при коллаборационистском режиме Виши маршала Филиппа Петена после поражения французов от немецкой армии в 1940 году. Закон о статусе евреев того года, за которым последовал еще один в 1941 году, лишили евреев возможности работать на административных, государственных и судебных должностях, в большинстве профессий и даже в индустрии развлечений, ограничив их, в основном, черной работой. Чиновники Виши задержали около 75 000 евреев, которые затем были переданы немцам; приблизительно 72 500 евреев были убиты во время Холокоста во Франции.

Гомо сапиенс (человек разумный) произошёл от свирепых и жестоких человекообразных обезьян. В доисторические времена каннибализм был средством выживания данного биологического вида. Приверженцы и верные товарищи людоедских идей Фюрера, сжигали людей в печах, а прах рассеивали в виде удобрения на поля. Времена новые, а цели прежние. Хороший урожай, это корм для скота и людей.

Гитлер и его ненависть выросла не на пустом месте.

НАЦИЗМ И ХОЛОКОСТ
ИДЕОЛОГИЯ НЕНАВИСТИ

Нацистская партия Адольфа Гитлера пришла к власти в Германии в 1933 году через систему, которая предполагала защиту прав и свобод — демократию. Это событие стало трагическим парадоксом: механизм, созданный для предотвращения деспотизма, был использован для его установления.

После Первой мировой войны Германия оказалась в тяжёлой экономической, политической и социальной ситуации. Гитлер и его партия предлагали простые и убедительные решения: "Мы восстановим экономику", "Мы вернём Германии величие", "Мы найдём виновных в наших бедах". Такие лозунги находили отклик у обедневших, разочарованных и уязвимых народных масс.

Национал-социалисты пришли к власти законным путём, через выборы, победив на парламентских выборах. Хотя в процессе кампаний использовались пропаганда, запугивание и манипуляции, формально их власть была получена демократическим путём. Это подчёркивает слабости системы, где демагогия и популизм могут затмить здравый смысл.

Культ Гитлера, как харизматичного лидера, стал центром обожания миллионов. Большинство склонно к восторгу перед сильными личностями, которые обещают привилегии *"своим"* за счёт *"чужих"*. Это стало фундаментом идеологии нацизма, противопоставлявшей "арийцев" другим этническим и социальным группам.

Фашизм и социализм имеют общие черты манипуляции большинством. Демократическая система позволила национал-социалистам конкурировать с другими партиями. Но когда национал-социалистическая партия начала открыто угрожать демократическим принципам, система не смогла защитить себя. Идеологии, апеллирующие к большинству, часто используют схожие механизмы.

Обещание преимуществ для *"своих"*, дают преимущество одной нации, классу или группе над другими, и это становится главным инструментом мобилизации масс.

Эмоциональная пропаганда использует страх, ненависть и надежду для манипуляции общественным мнением. Нацисты использовали всё это в полной мере, создавая ощущение, что немецкий народ — "жертва" мирового заговора, и только сильная власть может обеспечить ему процветание.

Недоверие к системе, экономический кризис и частые смены правительства подрывали её легитимность. Демократическая система позволила национал-социалистам конкурировать с другими партиями.

Важно понимать, что Гитлер и его партия получили поддержку значительной части общества. Массы оказались готовы пожертвовать правами меньшинств и даже основами демократии ради иллюзорной стабильности и величия. История прихода нацистов к власти показывает, как легко большинство может быть мобилизовано против свобод и равенства. В демократических системах важна не только воля большинства, но и защита прав меньшинств, независимость институтов и общественное образование, способное критически воспринимать манипуляции.

Вопрос вопросов, который остаётся актуальным: как предотвратить превращение демократии в инструмент угнетения, если большинство склонно к влиянию популизма и демагогии?

Национал-социалисты победили на выборах в Рейхстаге (неважно что это было, подтасовка или манипулирование, но Гитлер и его партия получили большинство мест. Демократия и фашизм (или социализм) – это когда идеология побеждает большинством голосов. Большинство, по определению, более склонно к восторгу перед личностями, обещающими преимущества перед другими группами или нациями.

Приход к власти национал-социалистов во главе с Адольфом Гитлером был не только следствием внутренних кризисов Германии после Первой мировой войны, но и результатом бездействия международного сообщества. Политическая терпимость к явно человеконенавистнической идеологии позволила преступникам против обще-человеческих моральных принципов достичь права и возможности уничтожения противников режима в невиданных масштабах. Национал-социалисты во главе с бесноватым фюрером Адольфом Гитлером, фанатично ненавидящим евреев, увидели возможность полного истребления евреев как нации, при полном попустительстве европейских лидеров, не желающих портить отношения с Гитлером. Геноцид привел к Холокосту, и уничтожению более 6 миллионов евреев.

Как так получилось, что в сердце Европы, в просвещённый XX век, смогла расцвести идеология, построенная на ненависти и уничтожении целой нации? Чтобы понять это, нужно исследовать корни ненависти Гитлера к евреям и обстоятельства, сделавшие возможным Холокост.

Фашизм и социализм имеют общие черты манипуляции большинством. Демократическая система позволила национал-социалистам конкурировать с другими партиями. Идеологии, апеллирующие к большинству, часто используют инстинкты толпы, жаждущий расправы над обозначенными врагами.

Фашизм, как и социализм создают *"врага"* (будь то этническая группа, социальный класс или государство), используя ненависть к «чужим» как центральный объединяющий фактор в риторике.

Эмоциональная пропаганда использует страх, ненависть и надежду для манипуляции общественным мнением. Нацисты использовали всё это в полной мере, создавая ощущение, что немецкий народ — "жертва" мирового заговора, и только сильная власть может обеспечить ему процветание.

Веймарская республика, которая предшествовала приходу Гитлера, была молодой и нестабильной. Недоверие к системе, экономический кризис и частые смены правительства подрывали её легитимность.

Важно понимать, что Гитлер и его партия получили поддержку значительной части общества. Массы оказались готовы пожертвовать правами меньшинств и даже основами демократии ради иллюзорной стабильности и величия. История прихода нацистов к власти показывает, как легко большинство может быть мобилизовано против свобод и равенства. В демократических системах важна не только воля большинства, но и защита прав меньшинств, независимость институтов и общественное образование, способное критически воспринимать манипуляции.

Сегодня, когда мир сталкивается с новыми вызовами, важно не забывать уроки прошлого. Ведь Холокост — это не просто история; это предупреждение о том, как равнодушие и попустительство могут привести к катастрофе.

Существует ли осознание исторической ответственности мировых лидеров и последствия попустительства подобного отношения? Холокост, как урок для будущих поколений? Сегодня, когда мир сталкивается с новыми вызовами, важно не забывать уроки прошлого. Приход к власти Адольфа Гитлера в Германии не был случайным событием. Это был итог десятилетий накопившихся противоречий, страхов и манипуляций общественным сознанием. Как так получилось, что в сердце Европы, в просвещённый XX век, смогла расцвести идеология, построенная на ненависти и уничтожении целой нации? Чтобы понять это, нужно исследовать корни ненависти Гитлера к евреям и обстоятельства, сделавшие возможным Холокост.

Многочисленные исследования жизни Гитлера показывают, что его ненависть к евреям не была врождённой. Среди возможных причин называют влияние антисемитских настроений в Австрии, где Гитлер жил в молодости, и даже его неудачи в жизни (например, провал поступления в Академию искусств, его отношение с противоположным полом). Однако считать его ненависть исключительно результатом личных обид было бы слишком упрощенно.

НЮРНБЕРГСКИЕ ЗАКОНЫ

В сентябре 1935 года Гитлер созвал экстренное заседание парламента на ежегодном съезде нацистской партии в немецком городе Нюрнберг. Были приняты два отдельных законодательных акта. Закон о гражданстве рейха и Закон о защите немецкой крови и немецкой чести. Нюрнбергские законы стали юридической основой для систематического преследования евреев в Германии. Антисемитизм лежал в основе убеждений нацистов.

Впервые в истории евреи подверглись преследованиям не по причине своих убеждений, а по принципу рождения — своего или родителей.

ЗАКОН О ГРАЖДАНСТВЕ РЕЙХА

… Право быть гражданами Германии должны иметь только люди «немецкой или родственной крови».

ЗАКОН О ЗАЩИТЕ НЕМЕЦКОЙ КРОВИ И НЕМЕЦКОЙ ЧЕСТИ

Второй Нюрнбергский закон, закон о защите немецкой крови и немецкой чести, запрещал браки между евреями и немецкими гражданами. Также вводилась уголовная ответственность за сексуальные отношения между этими группами. Такие отношения именовались «расовым загрязнением».

КРИСТАЛЛЬНАХТ
(Хрустальная ночь)

"Хрустальная ночь", известна также как "Ночь разбитых витрин". Так называют волну антиеврейских погромов, прошедших в ночь с 9 на 10 ноября 1938 года и охвативших всю Германию, аннексированную Австрию и Судетскую область Чехословакии. Спровоцированные главным образом руководителями нацистской партии, членами СА, штурмовые отряды, громили предприятия принадлежащие евреям. *"Хрустальная ночь"* получила свое название от осколков стекла, покрывших улицы Германии и положивших начало погрому. Это были осколки разбитых окон синагог, домов, магазинов и частных учреждений.

История Холокоста — это не только трагедия еврейского народа, но и предупреждение всему человечеству. Она показывает, как легко страх и ненависть могут стать инструментом разрушения, если их использовать в политических целях. Сегодня, в мире, где растёт напряжение, важно помнить об этих уроках. Ненависть всегда начинается с малых шагов — слов, шуток, стереотипов, которые кажутся безобидными. Но если её не остановить, она может привести к катастрофе.

О Холокосте и о том, как ненависть Гитлера к евреям привела к гибели миллионов, важно задать себе вопрос: что мы можем сделать, чтобы это никогда не повторилось? Ответ прост — быть внимательными к проявлениям нетерпимости, воспитывать толерантность и не молчать, когда кто-то пытается разжечь ненависть.

История показала как просто общество может быть мобилизовано против свобод и равенства. Гитлер превратил ненависть в политический инструмент. Его пропаганда основывалась на ложных мифах о *"еврейском заговоре"*, якобы направленном против Германии. Это позволило ему не только объединить народ вокруг "внешнего врага", но и оправдать репрессии, которые позже превратились в систематический геноцид.

Глубокий экономический кризис, последовавший за Великой депрессией, сделал людей уязвимыми к популистским лозунгам. Обещания Гитлера "восстановить величие Германии" находили отклик у миллионов людей, уставших от бедности и унижений. Несмотря на то, что многие лидеры знали о ненавистнической риторике Гитлера, они не предпринимали активных мер, чтобы предотвратить развитие его политики. Желание сохранить мир и избегать конфликта только укрепляло его позиции. Через мощную пропаганду и контроль над СМИ национал-социалисты создавали иллюзию единства нации и оправдывали свои преступления.

Холокост – это следствие 2000 летней ненависти и антисемитизма (анти-еврейского) посеянного Отцами Святой Церкви. Папа Римский (Войтыла,) Иоанн-Павел II пытался строить новые отношения между Церковью и еврейским народом. Папа попросил прощения у Бога за враждебные и уничижительные действия поотношению к евреям. Будем надеяться что Бог его простил. Он был первым, кто признал за Церковью вину христианства "тех, кто причинял страдания детям Его."

В 2000 году Папа Иоанн Павел II нанёс исторический визит в Израиль. Он посетил Мемориал Катастрофы и героизма Яд ва-Шем и помолился у Стены Плача, после чего принёс покаяние перед еврейским народом.

17 января 2010 года папа римский Бенедикт XVI

второй раз в истории Римской католической церкви, посетил синагогу в Риме. Он сказал, что данный визит является важным событием в жизни католиков и евреев. Визит означал, что в позиции Римской Католической Церкви наметились принципиальные изменения по отношению к евреям.

В долгожданном документе о роли церкви в Холокосте Ватикан защищал Папу Пия XII, возглавлявшего церковь во время войны, от обвинений в том, что он закрыл глаза на систематические убийства евреев. Некоторые критики говорят, что Пий руководствовался церковными религиозными предрассудками, восходящими к смерти Иисуса Христа.

Антисемитизм немыслимый в Израиле, оказался живучим. В 2024 году весь мир бурлит, осуждая Израиль, за то, что он сопротивляется напавшим на него исламистам из Газы, Ливана, Хуситам из Йемена и шиитам из Ирана. И это при том, что в каждой стране свои *"погромщики"*. Но гневные высказывания и выкрикивания — это всё про Израиль. Об этом говорят с высоких трибун ООН, главы государств, религиозные лидеры различных конфессий и различных меньшинств: расовых, гендерных, национальных, религиозных, этнических, сексуальных и прочих.

Евреи привыкли к превратностям судьбы. Так было всегда в еврейской истории. Но так не должно быть. Отдельное сражение можно выиграть. Евреи не хотят, чтоб их дети жили в страхе. Мир придёт в еврейские дома, когда мировое сообщество признает 2000-летнюю несправедливость по отношению к евреям.

Поражение нацисткой Германии в 1945 году и осознание уничтожения евреев Европы способствовало согласию народов мира на создание еврейского национального государства Израиль со столицей в Иерусалиме.

СИОНИЗМ

Сионизм — это политическое и национальное движение, возникшее в конце XIX века, цель которого заключалась в создании еврейского государства на исторической родине еврейского народа, в Палестине. Идея сионизма была направлена на решение еврейского "вопроса" в Европе, где евреи страдали от антисемитизма, преследований и дискриминации.

Сионизм как организованное движение был официально основан в 1897 году австрийским журналистом Теодором Герцлем, который стал одним из главных идеологов движения. Вдохновением для него послужила волна антисемитизма, которая в это время усилилась в Европе, в том числе знаменитое дело Дрейфуса во Франции. Герцль верил, что единственным способом обеспечить безопасность евреям и дать им возможность жить в соответствии с собственной культурой и традициями, является создание еврейского государства.

В 1897 году Герцль организовал Первый сионистский конгресс в Базеле (Швейцария), где была принята Базельская программа. Эта программа провозглашала создание еврейского национального очага в Палестине (тогда часть Османской империи). Конгресс также организовал Всемирную сионистскую организацию (ВСО), которая должна была вести дипломатическую работу для реализации идеи о создании еврейского государства.

Ранний сионизм (конец XIX — начало XX века), на первых этапах сионизм был в основном интеллектуальной и политической инициативой. Пропаганда идеи о переселении евреев в Палестину начала набирать силу в Европе, но движение сталкивалось с проблемами, включая сопротивление местных арабов и отсутствие единства среди евреев, многие из которых не поддерживали идею создания еврейского государства.

С начала XX века началась активная еврейская иммиграция в Палестину. Это было связано как с ростом антисемитизма в Европе, так и с поддержкой идеи переселения на уровне еврейских общин. Однако напряженность с арабским населением в регионе возрастала.

Во время Первой мировой войны Великобритания, стремясь заручиться поддержкой евреев, выпустила Бальфуровскую декларацию (1917г.), которая выражала поддержку созданию "национального очага" для евреев в Палестине. Это был важный момент для сионистского движения, так как Британия взяла на себя обязательства по содействию в реализации этой идеи.

ИЗРАИЛЬ

Создание Государства Израиль состоялось после Второй мировой войны и Холокоста, когда произошедшие трагические события *«окончательного решения еврейского вопроса»*, позволили миллионам евреев быть уничтоженными нацистами, усилили необходимость создания еврейского государства. Это привело к увеличению международной поддержки сионистского движения.

После Первой мировой войны Великобритания получила мандат Лиги Наций на управление Палестиной. В течение нескольких десятилетий британские власти сталкивались с растущими конфликтами между населением евреев и арабов, каждое из которых претендовало на территорию.

В 1947 году Генеральная ассамблея ООН приняла резолюцию, предлагающую раздел Палестины на два государства — еврейское и арабское, с международным контролем над Иерусалимом. Еврейские лидеры, включая Давида Бен-Гуриона, поддержали этот план, в то время как арабские страны отвергли его.

14 мая 1948 года, после того как британский мандат истек, было провозглашено создание Государства Израиль. Это событие немедленно вызвало арабо-израильскую войну, так как соседние арабские государства не признали новое государство и вторглись на его территорию.

Несмотря на это, Израиль выстоял и утвердил свою независимость.

Таким образом, сионизм, начавшись как идеология создания еврейского национального дома, в итоге привел к образованию независимого государства Израиль, которое стало центром еврейской жизни и культуры. Однако процесс создания Израиля и его существование по сей день остаются источником сложных и напряженных отношений между евреями и арабами.

ИЗРАИЛЬ В ВОЙНАХ ЗА НЕЗАВИСИМОСТЬ

После создания Государства Израиль в 1948 году, Израиль столкнулся с рядом военных конфликтов, которые были войнами за свою независимость и выживание. Эти войны были обусловлены противостоянием с соседними арабскими странами, которые не хотели признавать новое государство и стремились уничтожить его. Основные войны Израиля, связанные с его независимостью:

Арабо-израильская война 1948 года
(Война за Независимость)

15 мая 1948 года — 10 марта 1949 года

Война началась сразу после провозглашения независимости Израиля 14 мая 1948 года, когда несколько арабских стран (Египет, Иордания, Ирак, Сирия и Ливан) вторглись на территорию нового государства.

Израиль оказался в окружении враждебных армий, но, несмотря на численное превосходство арабских войск, израильская армия смогла отразить нападение, выиграв ключевые битвы.

Война завершилась подписанием перемирия и установлением временных границ между Израилем и соседними арабскими странами. Израиль сохранил свою независимость, однако значительная часть арабского населения Палестины стала беженцами.

Суэцкий кризис
(Вторая арабо-израильская война)

29 октября — 6 ноября 1956 года

Суэцкий кризис был вызван национализацией египетским президентом Гамалем Абдель Насером Суэцкого канала. Израиль, Великобритания и Франция вступили в коалицию против Египта с целью восстановления контроля над каналом и ослабления Насера.

Израиль начал операцию «Кадеш» на Синае, нанеся удар по египетским силам, в то время как Великобритания и Франция бомбили позиции Египта. Несмотря на успешные военные действия, вмешательство ООН и США привело к прекращению боевых действий. Израиль был вынужден отказаться от захваченных территорий, и Суэцкий канал остался в руках Египта. Однако Израиль добился снятия египетской блокады в Тиранском проливе.

Шестидневная война
(Третья арабо-израильская война) \

5 — 10 июня 1967 года

Напряженность в отношениях с арабскими соседями достигла пика, особенно после того, как Египет закрыл Тиранский пролив для израильских судов и выдвинул угрозу нападения. Израиль решил нанести превентивный удар.

Израиль нанес молниеносные удары по воздушным силам арабских стран, уничтожив большую часть их авиации. В течение шести дней Израиль захватил Синайский полуостров, Западный берег Иордана, Восточный Иерусалим и Голанские высоты.

Победа Израиля укрепила его территориальные позиции и вызвала международную критику действий Израиля. В результате войны Израиль оказался в контроле над значительной частью Палестины и арабских территорий.

Война на истощение

(1967 – 1970годы)

После Шестидневной войны арабские страны, особенно Египет, продолжили военные действия против Израиля с целью вернуть утраченные территории.

Война велась в виде пограничных столкновений, артиллерийских обстрелов и операций, в основном на египетском фронте. Израиль поддерживал свои позиции, но столкнулся с растущими трудностями.

Война закончилась с прекращением огня в 1970 году, не приведя к значительным изменениям в положении сторон.

Война Судного дня
(Четвертая арабо-израильская война)

6 — 25 октября 1973 года

Война началась с неожиданного нападения Египта и Сирии на Израиль в день еврейского праздника Йом Кипур.

Целью было вернуть территорию, захваченную Израилем в 1967 году.

Сначала арабские войска добились успехов, но израильская армия сумела перехватить инициативу и отразить наступление. Война закончилась с установлением перемирия и без значительных территориальных изменений.

Война показала уязвимость Израиля, что привело к политическим переменам в стране и подготовке к переговорам о мире.

Ливанская война 1982 года

7 июня — 29 сентября 1982 года

Израиль начал операцию в Ливане с целью ликвидации баз Палестинского освободительного фронта (ПЛО), которые использовались для атак на израильскую территорию. Израильская армия быстро продвинулась в Ливан и осадила Бейрут, что привело к эвакуации ПЛО. Однако в дальнейшем война перешла в затяжной конфликт, с участием других сил, включая сирийские войска.

Израиль достиг своих целей по уничтожению баз ПЛО, но война не принесла долгосрочной стабильности в регионе и привела к росту сопротивления, включая создание «Хизбаллы» в Южном Ливане.

Эти конфликты, а также множество мелких стычек и операций, показали, что для Израиля борьба за безопасность и независимость продолжается, несмотря на официальные мирные договоры, такие как договор с Египтом в 1979 году и с Иорданией в 1994 году.

Вторая ливанская война

12 июля. 2006 г. – 14 авг. 2006 г.

Вторая ливанская война — вооружённый конфликт между Государством Израиль и шиитской группировкой «Хезболла», фактически полностью контролировавшей южные районы Ливана. Боевые действия длились 34 дня в июле — августе 2006 года.

Конфликт был спровоцирован 12 июля ракетно-миномётным обстрелом укреплённого пункта «Нурит» и приграничного населённого пункта Шломи на севере Израиля (при обстреле были ранены 11 человек) с одновременным нападением на пограничный патруль (убийство трёх и захват двух израильских военнослужащих) Армии обороны Израиля на израильско-ливанской границе боевиками «Хезболлы».

Боевики «Хезболлы» в течение месяца проводили массированный ракетный обстрел северных городов и поселений Израиля.

В ходе наземной операции армии Израиля удалось продвинуться вглубь ливанской территории на 15—20 км, выйти к реке Литани и в значительной степени зачистить оккупированную территорию от боевиков «Хезболлы». Кроме того, боевые действия на юге Ливана сопровождались непрерывными бомбардировками населённых пунктов и объектов инфраструктуры на всей территории Ливана. В соответствии с резолюцией Совета Безопасности ООН было объявлено о прекращение огня.

ВОЙНА ИЗРАИЛЯ ПРОТИВ ХАМАС 2023 год

Антисемитизм зашкаливал во время войны Израиля и ХАМАС. Жестокие инциденты и захват заложников сделал эту войну непримиримой.

Во время войны Израиля против ХАМАС в 2023 году федеральные правоохранительные органы США сообщили о всплеске антисемитских преследований, угроз и насилия. Мужчине было предъявлено обвинение за то, что он оставил антисемитское голосовое сообщение, содержащее угрозы смерти в адрес сенатора Джеки Розена. В конце октября группа известных юридических фирм США подписала письмо, осуждающее «сообщения об антисемитских преследованиях, вандализме и нападениях на университетские городки, включая митинги, призывающие к смерти евреев и ликвидации государства Израиль», призывая университеты принять меры.

Антисемитизм или ненависть к евреям — это враждебность, предубеждение или дискриминация по отношению к евреям. Это чувство является формой расизма, и человек, который его придерживается, является антисемитом и расистом. В первую очередь, антисемитские тенденции могут быть мотивированы негативным отношением к евреям как к нации. Религиозная рознь и ненависть к евреям стала краеугольным камнем в отношениях мусульман к этой войне.

***

Израиль сражается. Из казалось уничтоженной Газы продолжают лететь ракеты и смертельная опасность для жизни евреев никуда не исчезла. В городах со смешанным населением продолжаются погромы. Словечко, которое казалось немыслимым в Израиле, оказалось живучим. Весь мир бурлит, осуждая Израиль. И это при том, что в каждой стране свои "погромщики". Гневные высказывания и выкрикивания — это всё про Израиль. Что Израиль должен сделать, чтоб его полюбили? Ничего, пока в мире существует религия, и религиозная рознь евреев не перестанут ненавидеть. А это означает – навсегда.

Израиль ведёт войну на множестве фронтов. С одной стороны, его обстреливают из Газы, Ливана, Иемена и Ирана. Это ненавидящие и стремящиеся изгнать евреев с этой земли мусульманские экстремисты. С другой стороны, погромы опять пришли в еврейскую жизнь, и не где нибудь, а в еврейской стране. Словечко "погромы" стало интернациональным. Живущие в Израиле евреи из России, помнят погромы по рассказам родителей.

На войне, как на войне. Не то чтоб на Израиль напала недружественная держава. Это внутри страны проживающие люди, не считая множество людей по всему миру. Они не любят евреев и хотят их уничтожить. Они это честно и откровенно говорят. Проблема куда деваться миллионам евреям, живущим в Израиле. Опять эти миллионы мешающих евреев. Гремят взрывы, гибнут люди. Есть ли решение этой проблемы?

Решением этой проблемы может стать признание мировой общественностью несправедливое отношение к евреям за последние 2000 лет. Ненависть не исчезнет мгновенно, но мир осознав несправедливость и клевету, возводимую на евреев, начнёт понемногу задумываться. Сомнения — это хорошее начало.

Евреи, один из древнейших народов мира, относится к группе меньшинств преследуемых по национальному и религиозному признакам. Сегодня тех, кто относит себя к евреям существует во всем мире около 15 миллионов человек. Большая часть из них проживает за пределами Израиля. Насильственное рассеяние, нетерпимость и преследование этой группы населения продолжалось в течении 20 веков. Страдания этого народа хорошо известны и задокументированы.

С развитием цивилизации география этой узкой полосы земли вдоль побережья Средиземного моря оказалась очень важным узлом торговых путей между Египтом, Азией и Европой. Появившиеся новые властители и новые религии столетиями вели нескончаемые войны за владение этой землёй. Евреи, расселившиеся на этой земле мешали всем. Но этот странный народ не хотел умирать. Вновь и вновь он возрождался и возвращался на эту землю, цепляясь за эту пустынно-каменистую безводную почву, твёрдо веря в завет между ними и Богом. Евреи создали веру в единого бога. Они «заразили» этой верой (христианство и ислам) большую часть населения планеты, за это их стали ещё больше ненавидеть.

АНТИСЕМИТИЗМ В США

В период с 1900 по 1924 год около 1,75 миллиона евреев эмигрировали в Америку, большинство из них были из Восточной Европы. Если до 1900 года американские евреи никогда не составляли даже 1 процента от общей численности населения Америки, то к 1930 году евреи составляли около 3,5 процентов от общей численности населения Америки. Этот резкий рост численности еврейской общины Америки и восходящая мобильность некоторых евреев сопровождались возрождением антисемитизма.

В первой половине 20-го века евреи в Соединенных Штатах столкнулись с дискриминацией при трудоустройстве, в доступе к жилым и курортным зонам, в членстве в клубах и организациях и в ужесточении квот на прием евреев на преподавательские должности в колледжах и университетах. Некоторые источники утверждают, что осуждение (а затем и линчевание) Лео Франка, которое привлекло внимание к антисемитизму в Соединенных Штатах, также привело к формированию Антидиффамационной лиги в октябре 1913 года. Социальная напряженность, существовавшая в этот период, также привела к возобновлению поддержки Ку-клукс-клана, который бездействовал с 1870 года.

Антисемитизм в Соединенных Штатах достиг своего пика в 1920-х и 1930-х годах. Пионер автомобилестроения Генри Форд пропагандировал антисемитские идеи в своей газете The Dearborn Independent. Пионер-авиатор Чарльз Линдберг и многие другие выдающиеся американцы возглавили Комитет «Америка прежде всего», выступая против любого американского участия в новой войне в Европе.

Однако лидеры America First избегали говорить или делать что-либо, что могло бы выставить их и их организацию антисемитами, и по этой причине они проголосовали за исключение Генри Форда из состава America First. Линдберг выступил с речью в Де-Мойне, штат Айова, в которой он выразил решительно фордовскую точку зрения: *«Три самые важные группы, которые подталкивают эту страну к войне, — это британцы, евреи и администрация Рузвельта».* В своем дневнике Линдберг писал: *"Мы должны ограничить еврейское влияние до разумного уровня...".*

«Всякий раз, когда процент евреев в общей численности населения становится слишком высоким, реакция, похоже, неизменно наступает. Это очень плохо, потому что несколько евреев правильного типа, я считаю, являются активом для любой страны».

В конце 1930-х годов Германо-американский союз проводил парады, на которых были изображены нацистская форма и флаги со свастикой рядом с американскими флагами. В Мэдисон Сквер Гарден в 1939 году около 20 000 человек слушали лидера Бунда Фрица Юлиуса Куна, когда он критиковал президента Франклина Делано Рузвельта, неоднократно называя его «Фрэнк Д. Розенфельд» и называя его Новый курс «еврейским курсом».

Поскольку он поддерживал веру в существование большевистско-еврейского заговора в Америке, Кун и его деятельность подверглись тщательному изучению со стороны Комитета Палаты представителей США по расследованию антиамериканской деятельности (HUAC), и когда Соединенные Штаты вступили во Вторую мировую войну, большинство членов Бунда были помещены в лагеря для интернированных, а некоторые из них были депортированы в конце войны. Между тем, правительство Соединенных Штатов не разрешало въезд в Соединенные Штаты в 1939 году, потому что он был полон еврейских беженцев. Во время расовых беспорядков в Детройте в 1943 году еврейские предприятия подвергались разграблениям и поджогам.

По еврейскому вопросу во время второй мировой войны США заняли более чем странную позицию. Закрытые границы для беженцев и неадекватная реакция на отчеты о концентрационных лагерях уничтожения.

Реакция США на еврейский вопрос во время Второй мировой войны были противоречивыми, сочетая как положительные, так и трагические аспекты. Этот вопрос включает в себя отношение к еврейским беженцам, медленную реакцию на отчёты о Холокосте и действия, направленные на помощь жертвам нацистского геноцида. В 1924 году в США был принят Закон об иммиграции, который установил строгие квоты на въезд иностранцев, включая евреев из Европы. Эти квоты продолжали действовать даже в период усиления нацистских репрессий. Американское общество в то время было подвержено антисемитским настроениям, страху перед экономической конкуренцией в условиях Великой депрессии и опасением, что беженцы могут быть шпионами.

С 1933 по 1945 годы, несмотря на резкое увеличение количества евреев, ищущих убежище, США приняли только около 225 тысяч евреев, хотя могли принять больше в рамках существующих квот.

В 1939 году около 900 еврейских беженцев на корабле "Сент-Луис" были вынуждены вернуться в Европу после отказа США и Кубы в предоставлении убежища. Многие из них позже стали жертвами Холокоста.

Когда масштабы Холокоста становились всё более очевидными, американское правительство проявляло осторожность в изменении своей политики. Государственный департамент неоднократно замедлял или блокировал усилия по приему беженцев.

В начале войны информация о массовых убийствах евреев воспринималась с недоверием. В 1942 году, когда польское правительство в изгнании предоставило отчеты о существовании лагерей уничтожения, такие как Аушвиц, американская пресса и правительство проявили осторожность в публичных заявлениях.

В 1943 году, несмотря на доказательства масштаба убийств, массовая публикация этой информации была ограниченной, а заголовки новостей часто помещались на второстепенные страницы. Под давлением общественности и активистов, в 1944 году президент Франклин Рузвельт создал Управление военных беженцев (War Refugee Board). Это агентство сыграло ключевую роль в спасении десятков тысяч евреев.

При известии о функционировании Аушвица, еврейские организации призывали США бомбить железные дороги, ведущие к лагерю, или сами лагеря. Однако американские военные отказались, заявив, что такие операции не являются приоритетом и могут быть неэффективны. Помощь жертвам Холокоста началась лишь с продвижением союзных войск в Европу в 1944–1945 годах, когда концентрационные лагеря начали освобождать. Эти действия спасли многих выживших, но миллионы евреев уже были уничтожены к тому моменту.

Реакция США на еврейский вопрос во время Второй мировой войны отражала серьёзные ошибки. Закрытые границы и недостаточная оперативность в признании масштабов Холокоста остаются тёмной страницей американской истории. В то же время создание Управления военных беженцев и освобождение лагерей союзными войсками свидетельствуют о том, что в конечном итоге США сыграли важную роль в спасении жертв нацизма.

США ПОСЛЕ ВТОРОЙ МИРОВОЙ ВОЙНЫ

В начале 1980-х годов изоляционисты крайне правых взглядов обратились к антивоенным активистам левых взглядов в Соединенных Штатах с предложением объединить усилия против политики правительства в областях, где они разделяли свои интересы. В основном это касалось гражданских свобод, противодействия военному вмешательству Соединенных Штатов за рубежом и противодействия поддержке США Израиля.

По мере их взаимодействия некоторые из классических праворадикальных антисемитских теорий заговора начали просачиваться в прогрессивные круги, включая истории о том, как *«Новый мировой порядок»*, также называемый *«Теневым правительством»* или *«Осьминогом»*, манипулировал мировыми правительствами. Антисемитская теория заговора *«агрессивно навязывалась»* правыми группами. Некоторые левые переняли риторику, которая, как утверждается, стала возможной из-за их незнания истории фашизма и его использования *«козлов отпущения, редукционистских и упрощенных решений, демагогии и теории заговора истории»*.

Беспорядки в Краун-Хайтс в 1991 году были жестоким выражением напряженности внутри очень бедного городского сообщества, натравливая афроамериканских жителей на последователей хасидского иудаизма.

К концу 1990 года, когда движение против войны в Персидском заливе начало набирать силу, ряд крайне правых и антисемитских группировок искали союзов с левыми антивоенными коалициями, которые начали открыто говорить о *«еврейском лобби»,* которое поощряло Соединенные Штаты вторгнуться на Ближний Восток. Эта идея превратилась в теории заговора о *«правительстве, оккупированном сионистами»,* которое рассматривалось как эквивалент «Протоколов сионских мудрецов».

ВОСТОЧНАЯ ЕВРОПА ПОСЛЕ ВТОРОЙ МИРОВОЙ ВОЙНЫ

В советских свидетельствах о рождении, указывалась национальность, (пятый пункт). Запись (еврей) закрывала дорогу к высшему образованию и продвижению по службе.

Антисемитизм в Советском Союзе достиг пика в 1948–1953 годах и вылился в так называемое дело врачей, которое могло стать предвестником всеобщей чистки и массовой депортации советских евреев как нации. Ведущие поэты и писатели страны, писавшие на идише, были подвергнуты пыткам и казнены в ходе кампании против так называемых безродных космополитов. Эксцессы в основном закончились со смертью советского лидера Иосифа Сталина и десталинизацией Советского Союза. Однако дискриминация евреев продолжалась, что привело к массовой эмиграции, как только она была разрешена в 1970-х годах, за которой последовала еще одна во время и после распада Советского Союза, в основном в Израиль.

Погром в Кельце и погром в Кракове в коммунистической Польше были примерами дальнейших инцидентов антисемитских настроений и насилия в

Восточной Европе, находившейся под советским влиянием. Общей темой антиеврейского насилия в Польше в период сразу после войны были слухи о кровавом навете. Более поздние *«мартовские события»* в Польше 1967–1968 годов были государственной антиеврейской (официально антисионистской) политической кампанией, включавшей подавление диссидентского движения и борьбу за власть внутри польской коммунистической партии на фоне Шестидневной войны и новой радикально антиизраильской политики Советского Союза и Восточного блока в поддержку социалистических арабских стран. Обе эти волны антисемитизма в Польше привели к эмиграции большинства переживших Холокост из страны в конце 1940-х годов и в 1968 году, в основном в Израиль или Соединённые Штаты.

ДВАДЦАТЬ ПЕРВЫЙ ВЕК

В первые годы XXI века произошел всплеск антисемитизма. Антисемитизм нового типа, исходящий от исламистов. Истории о кровавом навете неоднократно появлялись в государственных СМИ ряда арабских стран, в арабских телешоу и на веб-сайтах.

В 2004 году Соединенное Королевство организовало общепарламентское расследование антисемитизма, результаты которого были опубликованы в 2006 году. В расследовании говорилось, что: *«До недавнего времени преобладающим мнением как внутри еврейской общины, так и за ее пределами было то, что антисемитизм отступил до такой степени, что он существует только на обочине общества».*

Однако с 2000 года было обнаружено обратное развитие событий, и было направлено на изучение проблемы, выявление источников современного антисемитизма и разработку рекомендаций по улучшению ситуации. В отчете Госдепартамента США за 2008 год было установлено, что во всем мире наблюдается рост антисемитизма и что сохраняются как старые, так и новые проявления антисемитизма. В докладе Бюро по демократии, правам человека и труду США за 2012 год также отмечался продолжающийся рост антисемитизма во всем мире и было установлено, что отрицание Холокоста и противодействие политике Израиля порой использовались для пропаганды или оправдания антисемитизма.

С учётом волны лжи, которая наполнила международные СМИ, необходимо понимать что происходит в Израиле на самом деле.

Евреи, это народ, который жил на территории современного Израиля более тысячи лет, до появления христианства и ислама.

У евреев нет церквей и нет мечетей, синагоги - это место встречи для молитвы и общения. Евреи считают что Храм может быть только один. Его отстраивали 2 раза и 2000 лет назад он был разрушен второй раз, (70 год н.э.).

Всё, что осталось от Второго Храма - это храмовая гора и стена его фундамента – Стена Плача. Та самая, куда все кладут записочки для бога. На Храмовой горе стоит третья по значимости святыня Ислама – мечеть Аль - Акса. Она была построена в 7 веке нашей эры.

Иерусалим столица Израиля, но далеко не все страны в мире это признают, поскольку считают, что Иерусалим является столицей Палестинской автономии.

2000 лет назад римской армией был разрушен Второй храм, евреи были изгнаны, иудаизм был запрещен, и Иудею римляне назвали в честь враждебного евреям народа - филистимлян - Палестина.

После изгнания евреи были рассеяны по миру и длительное время пытались вернутся и восстановить Израиль.

После ужасов изгнания из Испании, погромов и огромного количества ограничений на основе вероисповедания окончательной точкой стал геноцид евреев организованный нацистами во время Второй мировой войны. Во время геноцида евреев нацистами погибло 6 000 000 евреев.

После Второй мировой войны и лагерей смерти далеко не сразу евреи смогли попасть на территорию современного Израиля и получить право на создание государства. В 1948 году был получен мандат на создание Израиля- как демократического еврейского государства. В мире нет другого еврейского государства.

Государство Палестина, которое требует дополнительных свобод сейчас декларировало свою независимость в 1988 году и на данный момент признано множественными странами, членами ООН. С момента провозглашения независимости Израиля, страна пережила войны с Ливаном, Египтом, Сирией и Иорданией, по очереди и одновременно. Иран также подключался к атакам.

Противники еврейского государства устраивают теракты. Израиль ведет полномасштабную войну. С территории Газы, Ливана, Иемена и Ирана по Израилю выпущено множество ракет. Есть погибшие. Израиль не нападает, Израиль защищается. Израиль не хочет войны. В мире нет другого еврейского государства, израильтянам некуда идти.

Если верить пропаганде, агрессор в данном случае Израиль.

Пандемия КОВИД-19, вакцинация, война с ХАМАСом, *"волнения"* внутри Израиля и как следствие резкий всплеск антисемитизма по всему миру. Сражение с ХАМАС Израиль выиграл, но война пока проиграна. ХАМАС плевать хотел на разруху, гибель мирного, да и военного населения. Деньги уже летят со всех сторон, а про поддержку говорить не приходится.

Израиль должен выиграть не сражение, а войну. Это не значит: *"пришедшего убить тебя - убей."* Сегодня важнее всего выиграть войну информационную.

***

Израиль стал государством 1312 лет до нашей эры, 2000 лет перед появлением ислама. Арабские беженцы определились как *«палестинцы»* только в 1967 году, двадцать лет после образования современного государства Израиль. До захвата страны в 1272 году до нашей эры евреи жили в ней тысячу лет и постоянно в ней находятся в течение 3300 лет. Господство арабов в стране после её захвата в 635 году продолжалась только 22 года .

В течение более 3300 лет Иерусалим был столицей евреев. Никогда Иерусалим не был столицей арабской или мусульманской страны.

Иерусалим упоминается более чем 700 раз в Торе и ни разу в Коране. Царь Давид основал Иерусалим, Мухаммед побывал в этом городе во сне. Об этом свидетельствует высказывание жены Мухаммада.

Евреи молятся лицом к Иерусалиму, мусульмане молятся лицом к Мекке.

Арабские и еврейские беженцы? В 1948 году руководители арабских стран уговаривали арабов покинуть Израиль с уверениями что *«очистят»* страну от евреев. 68% из беженцев убежали, не видя ни одного израильского солдата. Еврейские беженцы были вынуждены бежать из арабских стран из-за жестокости, преследований и погромов со стороны арабов. Количество арабов, покинувших в 1948 году Израиль, оценивается как 630,000, число евреев покинувших арабские страны оценивается тем же числом.

Арабские беженцы преднамеренно не были ассимилированы в арабских странах, несмотря на их огромные площади. Из 100,000,000 миллионов беженцев в мире после Второй Мировой Войны арабские беженцы составляют единственную группу, которая не была принята или ассимилирована в арабских странах. Все еврейские беженцы были приняты в Израиле, в стране не больше штата Нью-Джерси, США.

Арабо-Израильская война? У арабов 22 государства, не считая Палестину. У евреев есть только одно государство. Арабы развязали все шесть войн и проиграли. Все войны Израиль защищался и побеждал.

Устав организации «Освобождения Палестины» до сих пор требует уничтожения государства Израиль. Израиль передал палестинской автономии большую часть Западного Берега реки Иордан и дал им оружие.

Во время иорданского владычества святые места еврейского народа были разграблены и евреям не было к ним доступа. При еврейском руководстве все святые места мусульман и христиан были сохранены и к ним был открыт доступ для верующих этих религий.

Евреи и арабы в ООН? Из 175 решений Совета Безопасности до 1990 года 97 были против Израиля. Из 690 решений Генеральной Ассамблеи до 1990 года 429 были против Израиля. ООН молчал, когда были разрушены иорданцами 58 синагог в Иерусалиме. ООН молчал, когда иорданцы планомерно оскверняли старинное еврейское кладбище на Маслинной горе. ООН молчал, когда власти Иордании как при апартеиде не давали евреям подниматься на храмовую гору и молиться у Стены Плача.

Это были страшные годы. Мы должны спросить себя, что мы должны делать? Что мы расскажем внукам, когда был поворотный пункт в судьбе евреев, когда была возможность как-то повлиять на судьбу? Евреи относятся к национальным меньшинствам. На сегодня на планете Земля насчитывается 15 миллионов евреев. На 2024 год население в Израиле составляет около 10 миллионов, из них евреи около 7,000 миллионов человек. Около 5 миллионов евреев проживают в США, остальные проживают в различных странах.

Галут – принудительное рассеяние, повлиял на характер нации. Наши предки были смелым, воинственным народом. Молодые израильтяне, родившиеся на земле предков и воспитанные не в рабстве и не в рассеянии, они другие. Смелые, свободные, независимые. Как и 3 тысячи лет назад, еврейскому народу угрожает опасность галута, а то и уничтожения.

Вавилон и Ассирия, греки и римляне, религиозная нетерпимость и *"арийская"* ненависть стремились подчинить или истребить этот маленький, но стойкий народ. Немыслимой ценой еврейский народ заплатил за выживание. Систематический социальный антисемитизм в результате многовекового преследования евреев создал социальное неравенство для еврейской нации.

ЕЩЕ РАЗ О РАССЕЯНИИ

С учётом волны лжи, которая наполнила международные СМИ, необходимо понимать что происходит в Израиле на самом деле.

Евреи, это народ, который жил на территории современного Израиля тысячи лет, до появления ислама и до появления христианства.

У евреев нет церквей и нет мечетей, синагоги - это место встречи для молитвы и общения. Храм у евреев может быть только один. Его отстраивали 2 раза и 2000 лет назад он был разрушен второй раз. (70 год н.э.)

Всё, что осталось от Второго Храма - это храмовая гора и стена его фундамента – Стена Плача. Та самая, куда все хотели бы положить записочки для бога. На Храмовой горе стоит третья по значимости святыня Ислама – мечеть Аль - Акса. Она была построена в 7 веке нашей эры.

Иерусалим столица Израиля, но далеко не все страны в мире это признают, поскольку считают, что Иерусалим является столицей Палестинской автономии.

2000 лет назад римской армией был разрушен Второй храм, евреи были изгнаны, иудаизм был запрещен, и Иудею римляне назвали в честь враждебного евреям народа - филистимлян - Палестина.

После изгнания евреи были рассеяны по миру и длительное время пытались вернутся и восстановить Израиль.

После ужасов изгнания из Испании и погромов и огромного количества ограничений на основе вероисповедания окончательной точкой стал геноцид евреев организованный нацистами во время Второй мировой войны. Во время геноцида евреев нацистами погибло 6 000 000 евреев.

После Второй мировой и лагерей смерти далеко не сразу евреи смогли попасть на территорию современного Израиля и получить право на создание государства. В 1948 году был получен мандат на создание Израиля - как демократического еврейского государства. В мире нет другого еврейского государства.

Государство Палестина, которое требует дополнительных свобод сейчас декларировало свою независимость в 1988 году и на данный момент признано приблизительно 70% стран членов ООН.

С момента провозглашения независимости Израиля, Израиль пережил войны с Ливаном, Египтом, Сирией и Иорданией, по очереди и одновременно. Иран тоже подключался к атакам.

Противники еврейского государства устраивают теракты. Израиль ведет полномасштабную войну. С территорий Газы, Ливана, Иемена, по Израилю выпущено множество ракет. Есть погибшие. Израиль не нападает, Израиль защищается. Израиль не хочет войны. В мире нет другого еврейского государства, израильтянам некуда идти.

Если верить пропаганде, агрессор в данном случае Израиль.

Пандемия КОВИД-19, вакцинация, война с ХАМАСом, *"волнения"* внутри Израиля и как следствие резкий всплеск антисемитизма по всему миру. Сражение с

ХАМАС Израиль выиграл, но война пока проиграна. ХАМАС плевать хотел на разруху, гибель мирного, да и военного населения. Деньги уже летят со всех сторон, а про поддержку говорить не приходится.

Израиль должен выиграть не сражение, а войну. Это не значит: *"пришедшего убить тебя – убей"*. Сегодня важнее всего выиграть войну информационную.

***

Израиль стал государством 1312 лет до нашей эры, 2000 лет перед появлением ислама.

Арабские беженцы определились как «палестинцы» только в 1967 году, двадцать лет после образования современного государства Израиль.

До захвата страны в 1272 году до нашей эры евреи жили в ней тысячу лет и постоянно в ней находятся в течение 3300 лет.

Господство арабов в стране после её захвата в 635 году продолжалась только 22 года

В течение более 3300 лет Иерусалим был столицей евреев. Никогда Иерусалим не был столицей арабской или мусульманской страны.

Иерусалим упоминается более чем 700 раз в Торе и ни разу в Коране.

Царь Давид основал Иерусалим, Мухаммед побывал в этом городе во сне.

Евреи молятся лицом к Иерусалиму, мусульмане молятся лицом к Мекке.

Арабские и еврейские беженцы? В 1948 году руководители арабских стран уговаривали арабов покинуть Израиль с уверениями что «очистят» страну от евреев. 68% из беженцев убежали, не видя ни одного израильского солдата.

Еврейские беженцы были вынуждены бежать из арабских стран из-за жестокости, преследований и погромов со стороны арабов.

Количество арабов, покинувших в 1948 году Израиль, оценивается как 630,000, число евреев покинувших арабские страны оценивается тем же числом.

Арабские беженцы преднамеренно не были ассимилированы в арабских странах, несмотря на их огромные площади. Из 100,000,000 миллионов беженцев в мире после Второй Мировой Войны арабские беженцы составляют единственную группу, которая не была принята или ассимилирована в арабских странах. Все еврейские беженцы были приняты в Израиле, в стране не больше штата Нью-Джерси.

Арабо-Израильская война? У арабов 22 государства, не считая Палестину. У евреев есть только одно государство. Арабы развязали все шесть войн и проиграли. Все войны Израиль защищался и побеждал.

Устав организации «Освобождения Палестины» до сих пор требует уничтожения государства Израиль. Израиль передал палестинской автономии большую часть Западного Берега реки Иордан и дал им оружие.

Во время иорданского владычества святые места еврейского народа были разграблены и евреям не было к ним доступа. При еврейском руководстве все святые места мусульман и христиан были сохранены и к ним был открыт доступ для верующих этих религий.

Евреи и арабы в ООН? Из 175 решений Совета Безопасности до 1990 года 97 были против Израиля.

Из 690 решений Генеральной Ассамблеи до 1990 года 429 были против Израиля.

ООН молчал, когда были разрушены иорданцами 58 синагог в Иерусалиме.

ООН молчал, когда иорданцы планомерно оскверняли старинное еврейское кладбище на Маслинной горе.

ООН молчал, когда власти Иордании как при Апар Хаиде не давали евреям восходить на храмовую гору и молиться у Стены Плача.

Это были страшные годы. Мы должны спросить себя, что мы должны делать?

Что мы расскажем внукам, когда был поворотный пункт в судьбе евреев, когда была возможность как-то повлиять?

Евреи относятся к национальным меньшинствам. На сегодня на планете Земля насчитывается 15 миллионов евреев. На 2024 год население в Израиле составляет около 10 миллионов, из них евреи около 7,100 миллионов человек. Около 5 миллионов евреев проживают в США, остальные проживают в различных странах.

Галут - принудительное рассеяние, повлиял на характер нации. Наши предки были смелым, воинственным народом. Молодые израильтяне, родившиеся на земле предков и воспитанные не в рабстве и не в рассеянии, они другие. Смелые, свободные, независимые. Как и 3 тысячи лет назад, еврейскому народу угрожает опасность галута, а то и уничтожения.

Вавилон и Ассирия, греки и римляне, религиозная нетерпимость и "арийская" ненависть стремились подчинить или истребить этот маленький, но стойкий народ. Немыслимой ценой еврейский народ заплатил за выживание. Систематический социальный антисемитизм в результате многовекового преследования евреев создал отвратительное социальное неравенство для еврейской нации.

СЕГОДНЯ В МИРЕ

2024 - 2025

В новостях (текст не правился)

Беспорядки в Нью-Йорке: про-палестинские протестующие нападают на людей, плюют на посетителей, видео показывает сцены на улицах.

NYPD говорит о преступлениях на почве ненависти группа расследует *"банды нападают на еврейского человека"*

Продолжают появляться видеозаписи, разоблачающие насильственные беспорядки, в которых, по сообщениям, участвовали про-палестинские демонстранты в Нью-Йорке после объявления о прекращении огня между Израилем и ХАМАС в четверг вечером.

На ролике, размещённом в Твиттере бывшим депутатом Ассамблеи штата Нью-Йорка Довом Хикиндом, предположительно, видно, как группа мужчин пинает и нападает на человека на земле посреди улицы, после чего убегает.

"Еврейский человек жестоко избит палестинской толпой в Нью-Йорке!". Хикинд написал в Твитер в четверг вечером. *"Посмотрите, как бесстыдно они совершают такое наглое насилие в отношении невинных людей!"*.

В Нью-Йорке:

Инциденты произошли на фоне столкновений между про-израильскими и про-палестинско-палестинскими демонстрантами на Таймс-сквер и вокруг нее.

На одном из видео, снятых в четверг, видно, как устройство взрывается после того, как его бросили в толпу людей на тротуаре в центре Манхэттена. Нью-йоркское полицейское управление сообщило Fox News, что два коммерческих фейерверка были брошены из автомобиля, а один человек получил незначительные ожоги.

Другие видео, размещённые независимым журналистом, Джонсон Лирой показало несколько драк, которые вспыхивают в середине Таймс-сквер, и как полиция пытается развеять потасовки.

Представитель полиции Нью-Йорка заявил, что во время протестов, которые произошли через несколько часов после того, как было объявлено о прекращении огня между Израилем и ХАМАС, было произведено несколько арестов. В четверг пропалестинские демонстранты сожгли израильский флаг в Нью-Йорке.

By dailymail.co.uk/news

(перевод сохранен)

Льюис писал, что он шёл с другом в городе, когда: «вдруг группа из 6–8 палестинских мужчин подошли ко мне и спросили меня, где я был. Я ответил и сказал: «Нью-Йорк», - добавил он, сказав, что мужчины потребовали сказать, еврей ли он.

"Я видел, как они вынимают ножи. Я, очевидно, сказал нет. Парень посмотрел на меня с таким отвращением в глазах и сказал: "Хорошо", продолжил Льюис.

Неясно, является ли Льюис сам еврей и был вынужден лгать, чтобы защитить себя. Его агент не сразу ответил на запрос о комментарии от DailyMail.com.

Лука Роберт Льюис, 20-летний вратарь, который недавно был вызван на мейджоры, заявил в Instagram пост, что инцидент развернулся в четверг вечером в Нью-Йорке. Льюис сказал, что он начал уходить, но "...получил, очень рассердился и чувствовал, что я должен был сказать что-то", а затем обернулся и спросил: «Что делать - если бы я был евреем?»

Тот же парень говорит: " Я буду бить F'in s't из вас и убить вас"... Льюис вспоминает, сказав, что человек затем начал нападать на него, но был остановлен несколькими женщини, которые были со своей группой.

"К счастью, мой друг и я были в порядке. Однако, если бы я был явно евреем, я не знаю, что бы случилось со мной», - написал Льюис.

Los Angeles Times сообщила, что свидетель, который попросил остаться анонимным по соображениям безопасности, сказал, что некоторые люди из колонны автомобилей бросали бутылки и скандировали "смерть евреям" и "свободная Палестина".

Департамент полиции Лос-Анджелеса заявил в среду, что инцидент расследуется как преступление на почве ненависти.

Полиция Майами начала расследование после того, как еврейскую семью забросали мусором и подвергли подлым оскорблениям, когда они покидали синагогу.

Эрик Орген шёл со своей женой и дочерью в понедельник, когда группа мужчин замедлила свою машину и начала кричать "Свободная Палестина", "Умри еврей" и "Я собираюсь изнасиловать вашу жену".

Преследователи остановились только тогда, когда

вмешался незнакомец в другой машине, размахивая пистолетом, чтобы отпугнуть их.

By dailymail.co.uk/news:

Пропалестинские протестующие в Лондоне волны ненависти заполненные знаки, назвав Израиль "новым нацистским государством", утверждая, "Нетаньяху превосходит Гитлера в варварстве" и сказал: "Прекратите делать то, что Гитлер сделал с вами"

Между тем, кампания против антисемитизма говорила о «еще одном митинге, зараженном антисемитизмом» в столице.

Это произошло, когда десятки тысяч демонстрантов собрались в центре Лондона на второй уик-энд подряд. Депутаты и активисты осудили пропалестинских демонстрантов за размахивание плакатами, относящимися к Адольфу Гитлеру и Холокосту во время протестов против действий Израиля на Ближнем Востоке.

Один человек, стоя на Трафальгарской площади вчера, держал палестинский флаг с плакатом с надписью: «Прекратите делать то, что Гитлер сделал с вами», в то время как плакат, который держала женщина, гласил: «Израиль, новое нацистское государство».

By Fox News:

перевод не правился:

Бруклин человек обвиняется в избиении еврейского человека в ненависти нападения в Мидтауне заявил из своей тюремной камере, что он будет "делать это снова", прокуроры заявили в субботу.

Васим Awawdeh, 23, был проведён на $ 10000 под

залог в четверг нападение, в котором он обвиняется в избиении Джозеф Борген, 29, с костылями и штамповки, ногами и перцем распыления его.

"Если бы я мог сделать это снова, я хотел бы сделать это снова", сказал он одному из своих тюремщиков, в соответствии с прокурором на Awawdeh в субботу обвинения в уголовном суде Манхэттена. "У меня нет проблем делать это снова."

Нападение было неспровоцированным, заявили прокуроры, которые сказали судье Кэтрин Пэк, что Борген шел рядом с Бродвеем и Западной 49-й улицей, когда Аваудех "прыгнул на него и напал на него".

Awawdeh, который имеет по крайней мере одно открытое дело в Бруклине якобы за превышение скорости и проезд на красный свет в марте, был обвинён в нападении, как преступление на почве ненависти, нападение банды, угрожающие, при отягчающих обстоятельствах домогательства, как преступление на почве ненависти и преступное владение оружием, полиция сказала.

"...Нападение в Мидтауне было преступлением на почве ненависти, - сказал Пэк, помощник окружного прокурора Манхэттена, добавив, что Авадех назвал Боргена - «грязным евреем» и сказал: «Ф-к Израилю, ХАМАС убьёт всех вас».

Рассказали Fox News

Эскалация в четверг, не стала неожиданностью для американцев израильского происхождения Амита Скорника и Снира Даяна, которые были лично атакованы пропалестинской толпой по пути, чтобы купить бубликов на обед, в известном нью-йоркском магазине, это произошло в начале недели.

"Кто-то стоял спиной к нам и слышал, как мы говорим

на иврите. ... Он сразу же посмотрел на нас, а затем пошёл в толпу. Я не мог подумать на него, но около 10 секунд спустя, он и еще 10 человек напрвились к нам... Я получил первый удар, и тогда мы поняли, что подверглись нападению ".

Антидиффамационная лига, некоммерческая организация, которая отслеживает антисемитизм по всему миру, зафиксировала тревожный всплеск как словесных, так и физических нападений на евреев в Европе, на Ближнем Востоке, в южной Азии, Северной Африке и Северной Америке, поскольку напряжённость между Израилем и боевиками ХАМАС в Газе обострилась в начале этого месяца. Синагоги в различных штатах сообщали о вандализме, свастиках и пропалестинской пропаганде, обнаруженных в местах их молитв.

В США ADL сказал, что она получила около 200 сообщений о возможных антисемитских инцидентах, помимо 131 за неделю до начала конфликта.

"Часть меня хочет носить больше Звезд Давида в ожерелье, чем я могу сейчас, чтобы люди знали, как я горжусь своей верой", - сказала еврейская модель и адвокат Элизабет Пипко на Fox News. - В то же время небольшая часть меня хочет, убрать моё ожерелье в мою рубашку в случае, если не тот человек видит его. Это очень трудное время сейчас, быть евреем в Соединённых Штатах , и видеть очень много ненависти к нам. Мы выглядим невероятно болезненными - хотя мы не привыкли к этому", - сказала она.

Мы продолжаем рассказывать о том, что происходит сегодня в мире. (перевод сохранен)

Калифорния

В Лос-Анджелесе, пропалестинских демонстрантов прыгали из своих автомобилей мимо ресторана Беверли-Гров во вторник и начал, высевая и нападения еврейских закусочных в жестокой драке, которая была поймана на камеру прохожего. Видео показывает членов каравана автомобилей, развевающих палестинские флаги во время движения по столовой суши-ресторана на открытом воздухе, в то время как, как сообщается, скандируют "Смерть евреям!"

Всего в нескольких кварталах от него преследовали две машины с палестинскими флагами возле его дома, когда они скандировали "Аллах акбар"...

(Первод сохранен)

Синагога общинного центра Хабад в Солт-Лейк-Сити была размалевана свастикой, нарисованной на входной двери в минувшие выходные.

"...Это тревожно видеть, как быстро дезинформации и ложь распространяется в Интернете, и от сложной политической проблемы на Ближнем Востоке, мы прибыли в место, где евреи обсуждают, следует ли им ходить по улицам Соединенных Штатов с видимым Yarmulke (кипа) на голове ", - раввин Авреми Циппель сказал Fox News.

***

Подобные «новости» можно читать и слышать каждый день. Понятно что религиозная ненависть и ксенофобия по отношению к «чужакам», никуда не делась и продолжает преследовать еврейский народ третье тысячелетие. Поделившись с миром идеей веры в единого бога, евреи совершили самую большую ошибку в своей истории. Цена этой ошибки – вечное проклятие народов, населяющих эту планету.

Аминь!

Ещё раз о Польше:

Польша никогда не признавалась в соучастии в каких-либо крупных акциях против евреев, и в прошлом году Варшава приняла закон, запрещающий людям обвинять польский народ в зверствах Холокоста.

В действительности, новое исследование памяти о Холокосте в Европе утверждает, что поляки являются одними из «худших преступников», когда речь идёт об усилиях по реабилитации нацистских пособников и военных преступников и «минимизации их собственной вины в попытке истребления евреев».

История Народа

ВКЛАД В ЦИВИЛИЗАЦИЮ

На протяжении двух тысячелетий изгнания еврейский народ, несмотря на лишения, гонения и трагедии, внес неоценимый вклад в развитие человечества. Это наследие, охватывающее науку, искусство, литературу, философию, экономику и многие другие сферы, навсегда изменило ход мировой истории.

Наука и медицина

- Альберт Эйнштейн – теория относительности, заложившая основы современной физики.
- Нильс Бор (частично еврейского происхождения) – квантовая механика, структура атома.
- Роберт Оппенгеймер – глава Манхэттенского проекта, создатель атомной бомбы.
- Пол Эрлих – первый антибиотик, лечение сифилиса.
- Джонас Солк и Альберт Сейбин – разработка вакцины против полиомиелита.
- Зигмунд Фрейд – основатель психоанализа.
- Ричард Фейнман – квантовая электродинамика, один из крупнейших физиков XX века.

Литература и философия

- Франц Кафка – основоположник абсурдистской прозы.
- Шолом-Алейхем – создатель образа Тевье-молочника, основа мюзикла «Скрипач на крыше».
- Исаак Башевис Зингер – лауреат Нобелевской премии по литературе.
- Генрих Гейне – великий немецкий поэт и мыслитель.
- Карл Маркс – философ, социолог, теоретик экономики.

Искусство, кино, музыка

- Марсель Марсо – великий мим XX века.
- Стивен Спилберг – один из самых влиятельных режиссёров в истории кино.
- Вуди Аллен – культовый режиссёр и сценарист.
- Боб Дилан – певец, поэт, лауреат Нобелевской премии.
- Густав Малер – один из величайших композиторов.
- Леонард Бернстайн – дирижёр, композитор, автор мюзикла «Вестсайдская история».

Экономика и бизнес

- Мейер Ротшильд – основатель банковской империи.
- Джордж Сорос – финансист, филантроп.
- Марк Цукерберг – основатель Facebook.
- Ларри Пейдж и Сергей Брин – основатели Google.

- Майкл Блумберг – миллиардер, мэр Нью-Йорка, основатель Bloomberg LP.

Технологии и инновации

- Клод Шеннон (частично еврейского происхождения) – отец теории информации.
- Натан Розен – один из создателей уравнения Эйнштейна-Подольского-Розена (квантовая механика).
- Эммануэль Гольдберг – пионер в развитии микрофильмирования.
- Эндрю Ваксман – разработал стрептомицин, лекарство против туберкулёза.
- Даниэль Канеман – основатель поведенческой экономики, Нобелевская премия.

Государство Израиль – венец тысячелетней истории

- В 1948 году еврейский народ восстановил государственность после 2000 лет изгнания.
- Израиль – мировой лидер в области высоких технологий, кибербезопасности, медицины и сельского хозяйства.
- Израильские компании стоят за инновациями в медицине (например, экзоскелеты, аппараты ИВЛ, искусственные органы).
- Развитие систем противоракетной обороны («Железный купол»).
- Страна с одним из самых высоких уровней стартапов на душу населения.

ЭПИЛОГ

"*Память — это не просто хранительница прошлого, это зеркало, в котором мы видим своё настоящее. Если человечество позволит забыть уроки Холокоста, то оно рискует повторить ошибки, которые однажды привели его к бездне. История еврейского народа — это напоминание, что даже перед лицом жестокой несправедливости вера, гуманизм и стремление к справедливости могут выстоять*".

Антисемитизм всё ещё существует, и его искоренение требует осознания глубинных причин и борьбы с предрассудками.

История иудаизма и его последователей — это не только хроника веры и традиций, но и свидетельство человеческой жестокости, невежества и страха перед иным, чужеродным. На протяжении тысячелетий еврейский народ служил мишенью для ненависти, клеветы и насилия. И каждый раз, несмотря на преследования, несмотря на геноцид и изгнания, он находил в себе силы продолжать, жить и созидать.

Эта книга стала попыткой заглянуть в самые тёмные уголки человеческой истории и понять, почему несправедливость по отношению к евреям — как к религиозной группе и как к носителям уникальной идентичности — стала возможной. Ответы на этот вопрос сложны и многогранны, но одна истина остаётся неизменной: равнодушие к несправедливости всегда становится её соучастником. Сегодня, когда мир сталкивается с новыми формами ненависти и предрассудков, память о прошлом приобретает ещё более острое значение. Антисемитизм — это не просто атака на евреев; это вызов для всего человечества, поскольку он разрушает основы цивилизованного общества: уважение, справедливость и достоинство.

Но эта история — не только о боли. Это также рассказ о сопротивлении и надежде. Евреи сумели сохранить свою идентичность, культуру и веру, несмотря на беспрецедентное давление. Их история — это урок стойкости и силы духа, урок, который необходимо усвоить каждому. Вспомним эпизоды героизма, которые стали символами этого сопротивления. Во времена Испанской инквизиции, когда тысячи евреев были вынуждены либо принять католичество, либо покинуть родную землю, многие предпочли изгнание духовному предательству. В эпоху Холокоста, среди ужаса концентрационных лагерей, мы видим не только трагедию, но и вдохновляющие истории, как бунт в Варшавском гетто или неподчинение в лагерях, где вера и человечность продолжали жить даже в самых бесчеловечных условиях. Эти примеры учат нас тому, что даже в самых мрачных обстоятельствах свет духа способен пробиваться сквозь тьму.

Иудаизм учит, что мир держится на трёх вещах: на справедливости, милосердии и истине. Эти принципы должны быть не просто идеалами, но основой нашего общего будущего. Мы должны помнить, что каждый акт ненависти, каждая несправедливость — это не только удар по жертвам, но и по самому человеческому в нас. Оглядываясь назад, мы видим не только трагедии, но и героизм, не только разрушения, но и творение. Пусть же эта книга станет напоминанием о том, что прошлое — это урок, который мы обязаны выучить, чтобы построить мир, где уважение к другому станет нормой, а ненависть — исключением.

Каждый читатель этой книги — свидетель и участник борьбы за более справедливое будущее. Пусть эта борьба будет вдохновлена мудростью прошлого и стремлением к миру, основанному на правде, сострадании и любви к ближнему. Мы должны помнить, как учил древний еврейский мудрец Гиллель: *"Если я не за себя, кто за меня? Но если я только за себя, что я? И если не сейчас, то когда?"*

Этот призыв к действию остаётся актуальным и сегодня. Наша общая задача — построить мир, где справедливость станет повседневностью, а ненависть уйдёт в историю как ошибка, из которой мы извлекли урок.

Конец....

А возможно начало новой главы в истории народа...

www.ingramcontent.com/pod-product-compliance
Lightning Source LLC
Chambersburg PA
CBHW050507240426
43673CB00004B/142